Mi gramática

JN087003

Masamichi KAWAGUCHI

Editorial ASAHI

PAÍSES
HISPANOHABLANTES

ISLAS CANARIAS

La Palma
Tenerife
Sta.Cruz de Tenerife
Gomera
Teide
Hierro
Las Palmas de
Gran Canaria
Gran Canaria
Lanzarote
Fuerteventura

Tijuana · Mexicali
ESTA
Ciudad Juárez
P.de la Baja California
Chihuahua
Río Grande
Mo
MÉX
Guadalajara
Ciu
de
Po
Acapulco

ESPAÑA

Mar Cantábrico

FRANCIA

Gijón
La Coruña
Santander
Guernica
San Sebastián
Santiago
de Compostela
Lugo
Oviedo
Bilbao
ASTURIAS
CANTABRIA
PAÍS VASCO
Vitoria
C.Finisterre
GALICIA
León
Pamplona
NAVARRA
ANDORRA
LOS PIRINEOS
Pontevedra
Logroño
Jaca
Vigo
Astorga
Burgos
LA RIOJA
Orense
Palencia
Huesca
Figueras
Miño
Zamora
CASTILLA Y LEÓN
Soria
Zaragoza
Gerona
CATALUÑA
Duero
Lérida
Costa Brava
Oporto
Valladolid
Ebro
ARAGÓN
Tarragona
Barcelona
Douro
Medina del Campo
Salamanca
Segovia
Tortosa
PORTUGAL
Ávila
Guadalajara
Teruel
Menorca
MADRID
Alcalá de Henares
Castellón de la Plana
Mallorca
Mahó
Tejo
MADRID
Palma de Mallorca
Talavera de la Reina
Aranjuez
Cuenca
C.da Roca
Tajo
VALENCIA
ISLAS BALEARES
LISBOA
Toledo
Ibiza
CASTILLA-LA MANCHA
Valencia
Cáceres
EXTREMADURA
Alcázar de San Juan
Albacete
Formentera
Mérida
Évora
Guadiana
Ciudad Real
Segura
Alicante
Elche
Córdoba
Guadalquivir
Murcia
Costa Blanca
Jaén
MURCIA
Mar Mediterráneo
Huelva
ANDALUCÍA
Cartagena
Sevilla
Granada
Málaga
Mulhacén
Almería
Cádiz
Costa del Sol
Algeciras
Gibraltar
Estrecho de Gibraltar
Ceuta
Océano Atlántico
ARGELIA
Melilla
MARRUECOS

HISPANOAMÉRICA

Mississippi

Nueva Orleans
(New Orleans)

Golfo de México

Miami

BAHAMAS

Is. Bahamas

La Habana

CUBA

Mérida

Veracruz

P.de Yucatán

Santiago de Cuba

PUERTO
RICO

San Juan

HAITÍ

Santo Domingo

REPÚBLICA
DOMINICANA

BELIZE

JAMAICA

Mar Caribe

Antillas Menores

GUATEMALA

Guatemala

HONDURAS

Tegucigalpa

San Salvador

EL SALVADOR

NICARAGUA

Managua

San José

COSTA RICA

PANAMÁ

Panamá

Cartagena

Maracaibo

Lago de Maracaibo

Caracas

TRINIDAD Y
TOBAGO

Puerto España
(Port of Spain)

VENEZUELA

Ciudad
Bolívar

Orinoco

GUYANA

SURINAM

Guayana Francesa

Magdalena

LLANOS

Medellín

Buenaventura

Bogotá

COLOMBIA

Océano

Arch. de Colón
(Is.Galápagos)

ECUADOR

Quito

Cotopaxi
Chimborazo

Guayaquil

Amazonas

Manaus

Belém

Fortaleza

Chiclayo

Cajamarca

Trujillo

CORDILLERA

Callao

LIMA

PERÚ

Cusco

BOLIVIA

L.Titicaca

Cochabamba

Arequipa

La Paz

EL ALTIPLANO

Santa Cruz
de la Sierra

Sucre

Potosí

BRASIL

San Francisco

Recife

Salvador

Brasilia

Belo Horizonte

Océano

Antofagasta

Salta

DE

LOS

PARAGUAY

Paraguay

Paraná

São Paulo

Río de Janeiro

Santos

Curitiba

Asunción

CHILE

San Miguel
de Tucumán

ANDES

Aconcagua

Valparaíso

Santiago

San Juan

Mendoza

Santa Fe

Córdoba

Paraná

Paraná

Rosario

Uruguay

Porto Alegre

URUGUAY

BUENOS AIRES

La Plata

Montevideo

Río de la Plata

Concepción

Colorado

Mar del Plata

Negro

Temuco

Puerto Montt

ARGENTINA

PATAGONIA

Comodoro Rivadavia

Océano Pacífico

Océano Atlántico

Is.Malvinas
(Falkland)

Estrecho de Magallanes

Punta Arenas

Tierra del Fuego

Is.Georgias del Sur

Ushuaia

C.de Hornos

はじめに

　本書はスペイン語を初めて学習する方、特に文法の基礎をしっかりと固めたい方向けに書かれたものです。基本的にスペイン語専門課程の 1 年生を想定してはいますが、第 2 外国語でスペイン語を学ぶ大学生や DELE などの資格試験の対策をされている方にもお使いいただくことが可能であると思います。

　各課は文法説明、会話例（Diálogo）、練習問題（Ejercicios）、会話練習（¡Vamos a hablar!）という 4 つのパートから成っています。文法説明は予習の助けとなるよう、教科書としてはやや詳しめの記述を心がけました。それに続く会話例は、主に日本人留学生の Yuki とスペイン人大学生の Luis を中心に展開し、その課で扱った文法事項を適宜盛り込んであります。練習問題は、特に和文西訳問題の難易度が高めに設定されていますが、和西辞典などを駆使してチャレンジしてみてください。最後の会話練習は、各課で扱った文法事項を使ってペアで話してみるコーナーです。授業の気分転換も兼ねて、楽しく取り組んでいただければと思います。

　外国語学習の目的は、外国人とコミュニケーションができるようになることだけではありません。月並みな話になりますが、世界に 6000 から 7000 もあると言われる言語には、当然それらの言語を使って生きている人々がいて、その人々が築いてきた歴史や文化が息づいています。それらを通訳者や翻訳アプリの力を借りずに直接経験し、それを通して自身の幅を広げるという目的も、外国語学習にはあるのです。その意味では、世界で約 5 億人もの話者を有し、さまざまな民族や文化が交錯するスペインおよび中南米各国等、計 21 の国・地域の公用語であるスペイン語は、とても「お得な」言語と言えるかもしれません。

　堅苦しいことを書いてしまいましたが、新しいものに触れることは楽しいものです。ぜひ多くの方がスペイン語の学習を通して、異文化を知る喜びを体験してくださることを願っています。そして、もし本書がその一助となるならば、筆者としては望外の喜びです。

　最後になりましたが、本書の執筆にあたっては多くの方にお世話になりました。神戸市外国語大学の Montserrat Sanz 先生と、同大学大学院研究生の Ignacio Pedrosa さんはスペイン語の校閲に加え、さまざまなアドバイスをくださいました。また、関西外国語大学の柳田玲奈先生、神戸市外国語大学大学院生の Esmeralda Barreyro さんからも、内容に関する大変有益な助言をいただきました。音声の吹き込みは、Marcos Guerrero さんと Cristina Cenzano さんが担当してくださいました。そして今回の企画を受け入れてくださった朝日出版社の山田敏之さんと、編集担当の山中亮子さんにも大変お世話になりました。ここに記してお礼申し上げます。

2019 年 8 月

川口正通

目 次

1 アルファベット 🔊 1-02

A	a	(a)		Ñ	ñ	(eñe)
B	b	(be)		O	o	(o)
C	c	(ce)		P	p	(pe)
D	d	(de)		Q	q	(cu)
E	e	(e)		R	r	(erre)
F	f	(efe)		S	s	(ese)
G	g	(ge)		T	t	(te)
H	h	(hache)		U	u	(u)
I	i	(i)		V	v	(uve)
J	j	(jota)		W	w	(uve doble)
K	k	(ka)		X	x	(equis)
L	l	(ele)		Y	y	(ye)
M	m	(eme)		Z	z	(zeta)
N	n	(ene)				

2 発音

＜単母音＞

開母音（強母音）　　a [a]　　e [e]　　o [o]

閉母音（弱母音）　　i [i]　　u [u]

¡Ojo!

e と **i** は唇を横に引いて、**u** は唇をすぼめて前に突き出して発音しよう！

閉母音にアクセント記号がつくと、開母音扱いになるので注意しましょう。

＜単子音＞　🔊 1-03

b	[b]	bar　nube　básico
c	[k]	casa　comida　Cuba
	[θ/s]	(ce ci) cena　cine　once
		主に [θ] はスペイン、[s]は中南米で一般的

1

ch	[tʃ]	chico mucho coche
d	[d]	dedo domingo día （語末 [ほぼ聞こえない]）ciudad Madrid
f	[f]	familia fútbol gafas
g	[g]	(ga go gu) gato goma lengua
		(gue gui) guerra guitarra
		(güe güi) bilingüe pingüino
	[x]	(ge gi) gente energía lógico
h	[発音しない]	hora hijo ahora
j	[x]	Japón caja reloj
k	[k]	kilómetro sake
l	[l]	leche pelo sol
ll	[ʎ/ʝ/j]	calle paella anillo
m	[m]	mesa mano amigo
n	[n]	noche luna dinero
ñ	[ɲ]	niño España pañuelo
p	[p]	pasillo película puente
q	[k]	(que / qui のみ) queso quince
r	[ɾ]	pero cuchara tenedor
	[r]	(語頭、または l, n, s の後) regalo restaurante Enrique
rr	[r]	perro tierra barrio
s	[s]	salón risa silla
t	[t]	tarde estudio tienda
v	[b]	vino vacaciones centavo
w	[u]	sándwich wifi
x	[s]	extranjero excursión
	[ks]	taxi exacto
	[x]	México Texas
y	[j/ʝ]	mayo desayuno yen
z	[θ/s]	zapato taza paz

＜二重母音＞ 🔊 1-04

開母音＋閉母音、閉母音＋開母音、閉母音＋閉母音の組み合わせ

ai au ia ua ei eu ie ue oi ou io uo iu ui

aire pieza cuento asiento cuidado ciudad

¡Ojo!

íe や **úa** のように、閉母音にアクセント記号がつくと二重母音ではなくなるので注意しましょう。

＜三重母音＞ 🔊 1-05

閉母音＋開母音＋閉母音の組み合わせ

iai (iay) uai (uay) uei (uey) など

buey vieira cambiáis Uruguay

＜二重子音＞ 🔊 1-06

br cr dr fr gr pr tr
bl cl fl gl pl

blando cuadro francés grupo compras bicicleta flecha plaza

二重子音の 2 つの文字の間に母音を入れて発音しないように気をつけましょう。

3 音節の分け方 🔊 1-07

音節を分ける時、二重母音、三重母音は 1 つの母音、二重子音および **ch, ll, rr** は 1 つの子音としてカウントするので注意しましょう。

1) 2 つの母音の間に子音が 1 つある場合、その子音の前で分けます。

va-so   o-re-ja   chi-co   si-lla   plu-ma   e-di-fi-cio

2) 2 つの子音が連続している場合、その 2 つの子音の間で分けます。

pal-ma   gor-do   ver-dad   or-de-na-dor   dic-cio-na-rio

3) 3 つの子音が連続している場合、2 つめの子音と 3 つめの子音の間で分けます。

ins-tin-to   mons-truo   abs-trac-to

4) 開母音が 2 つ連続している場合、その 2 つの開母音の間で分けます。

　　te-a-tro　　ba-ca-la-o　　pa-ís

4　アクセント（強勢）の位置　🔊 1-08

1) 母音、**s, n** で終わる語は、最後から 2 つめの音節を強く読みます。

　　to-ma-te　　en-cuen-tro　　pa-ra-guas　　e-xa-men

2) **s, n** 以外の子音で終わる語は、最後の音節を強く読みます。

　　na-tu-ral　　ca-mi-nar　　u-ni-ver-si-dad　　Be-a-triz

3) 上記 2 つのルールから外れる場合は、強く読む母音にアクセント記号をつけます。

　　te-lé-fo-no　　au-to-bús　　tí-pi-co　　es-ta-ción

5　主なあいさつ表現　🔊 1-09

¡Buenos días!　　¡Buenas tardes!　　¡Buenas noches!

¿Qué tal?　　Me llamo …　　Mucho gusto.　　Encantado. / Encantada.

Diálogo　🔊 1-10

Luis ： ¡Hola! Me llamo Luis. Encantado.
Yuki ： ¿Qué tal, Luis? Yo me llamo Yuki. Encantada.

Señor Kimura ： Buenos días, señora González. ¿Cómo está usted?
Señora González ： Muy bien. ¿Y usted?
Señor Kimura ： Muy bien, gracias.

Ejercicios

1 次の語句はスペイン語圏の都市名です。発音してみましょう。また、それらの都市がどこの国にあるか調べてみましょう。　🔊 1-11

1) Lima

2) Barcelona

3) Bogotá

4) Santiago de Compostela

5) Buenos Aires

6) La Habana

7) Ciudad de México

8) Quito

2 次の単語を音節に分け、強く読む箇所に下線を引きましょう。　🔊 1-12

1) ventana　_____

2) bolsa　_____

3) naranja　_____

4) ascensor　_____

5) cuaderno　_____

6) escritor　_____

7) churro　_____

8) instrumento　_____

9) ambiente　_____

10) antigüedad　_____

¡Vamos a hablar!

p. 4 の会話を参考に、クラスメイトにあいさつし、名前を言ってみましょう。

5

Lección 1 Soy estudiante.

1 **名詞の性** 🔊 1-13

スペイン語のすべての名詞は男性名詞または女性名詞に分かれます。

> 男性名詞（**-o** で終わるものが多い）：libro zumo diccionario coche sofá
> 女性名詞（**-a** で終わるものが多い）：casa novela tarjeta calle mano

人間を含め、生き物については原則として実際の性と一致します。
また、**-ante**、**-ista** で終わるものは男女同形です。

hombre/mujer profesor/profesora chico/chica perro/perra toro/vaca
estudiante artista

-ción, -sión, -dad で終わる語は女性名詞です。

estación televisión universidad

2 **名詞の数** 🔊 1-14

数えられる名詞には単数形と複数形があります。

＜複数形の作り方＞
単数形が母音で終わる場合は、語尾に **-s** をつけます。

mesa > mesas   niña > niñas   gato > gatos   clase > clases

単数形が子音で終わる場合は、語尾に **-es** をつけます。

móvil > móviles   país > países   universidad > universidades

¡Ojo!

アクセント記号の有無や正書法上の変化に気をつけるべき語があります。

estación > estaciones   japonés > japoneses   joven > jóvenes
vez > veces   lápiz > lápices

-s で終わり、かつ最後の音節を強く読まない語は単複同形です。

paraguas   tesis   martes

3 冠詞（詳しい使い方は第 4 課を参照）　🔊 1-15

スペイン語の冠詞は、後続する名詞に性と数が一致します。

(1) 不定冠詞

	単数	複数
男性	**un**	**unos**
女性	**una**	**unas**

un vaso　una botella

(2) 定冠詞

	単数	複数
男性	**el**	**los**
女性	**la**	**las**

el abrigo　la camisa

¡Ojo!

不定冠詞の複数形は「いくつかの/何人かの」などの意味をあらわします。

unos profesores　　　unas palabras

強く読む **a-** または **ha-** で始まる女性単数名詞には **un, el** がつきます。

un aula　　　el agua　　　el hambre

4 形容詞　🔊 1-16

男性単数形が **-o** で終わる形容詞には性と数の変化が、それ以外の形容詞には数の変化があり、修飾する名詞に一致します。複数形の作り方は名詞の場合と同じです。

	単数	複数
男性	**bonito**	**bonitos**
女性	**bonita**	**bonitas**

	単数	複数
男性	**fácil**	**fáciles**
女性	**fácil**	**fáciles**

名詞につける場合は原則としてその名詞の後ろに置かれます。ただし、**bueno** と **malo** は名詞の前に置くのが普通で、男性単数名詞の前では **buen**、**mal** となります。

el chico alto　　　las chicas altas　　　una pregunta difícil　　　unas preguntas difíciles
un buen hotel　　　una mala noticia

名詞が本来持つ性質をあらわす形容詞は、名詞の前に置かれる傾向があります。

la dulce miel   la blanca nieve

名詞の前後で意味やニュアンスが変わる形容詞があります。
また、**grande** は、単数名詞の前では **gran** となります。

un niño pobre/un pobre niño   una persona grande/una gran persona

数量をあらわす形容詞である **mucho**、**poco** は常に名詞の前に置かれます。

muchas patatas   poco dinero

5 主語の人称代名詞

単数		複数	
私は	**yo**	私たちは	**nosotros/nosotras**
君は	**tú**	君たちは	**vosotros/vosotras**
彼は	**él**	彼らは	**ellos**
彼女は	**ella**	彼女らは	**ellas**
あなたは	**usted**	あなた方は	**ustedes**

主語の代名詞はしばしば省略されます。
tú/vosotros (vosotras) と **usted/ustedes** は、相手との親しさによって使い分けます。
複数形においてその構成員が男女混合である場合には、男性複数形を使います。
vosotros/vosotras は、中南米およびカナリア諸島では使用されず、**ustedes** が用いられます。

6 動詞 ser

動詞 **ser** の直説法現在

soy	somos
eres	sois
es	son

＜ser の用法＞ 🔊 1-17

1. ser＋名詞・形容詞 で、「(主語は) 名詞・形容詞 である」という意味をあらわします。

Soy estudiante.　　　María es profesora.　　　José es amable.

動詞 **ser** で主語の身分や職業をあらわす場合、**ser** に後続する名詞は無冠詞になります。

Marcos es estudiante.　　　Soy ingeniero.

2. ser de＋名詞 で、主語の出身、所有、材質などをあらわします。

Soy de Japón.　　　El coche es de Daniel.　　　La puerta es de madera.

7 否定文・疑問文 🔊 1-18

否定文：肯定文の動詞の前に **no** を入れます。

No soy estudiante.　　　Ellos no son tontos.

疑問文：文を ¿ ？ ではさみます。主語と動詞が入れ替わることもあります。

¿Eres estudiante?　　　¿Es usted peruana?

Diálogo 🔊 1-19

(En una universidad)

Fernando : ¡Hola, chicos! ¿Sois estudiantes de aquí?

Yuki : Sí, somos estudiantes de la Facultad de Filología.

Fernando : Y ¿de dónde sois? Sois asiáticos, ¿no?

Yuki : Bueno, yo soy de Japón y ellos tres son de Taiwán.

Fernando : Muy bien. Yo me llamo Fernando. Soy profesor de la Literatura Contemporánea. Mucho gusto.

¡Ojo!

1 次の名詞に定冠詞と不定冠詞をつけましょう。

1) hombre

2) tía

3) pregunta

4) bolígrafo

5) televisión

6) mensaje

7) programa

8) universidad

2 次の語句を単数形は複数形に、複数形は単数形にしましょう。

1) una botella

2) un ordenador

3) la camiseta

4) el aula

5) las cucharas

6) los móviles

7) unos relojes

8) unos exámenes

3 カッコの中の形容詞を必要なら適切な形に直しましょう。

1) una camisa (blanco)

2) las bicicletas (pequeño)

3) unas ciudades (tranquilo)

4) las bibliotecas (grande)

5) un pianista (famoso)

6) los alumnos (inteligente)

4 動詞 **ser** を適切な形でカッコの中に記入し、文の意味も考えてみましょう。

1) Nosotros (　　　　) médicos.

2) María y Jorge (　　　　) divertidos.

3) Las copas (　　　　) de cristal.

4) (　　　　) una amiga de Juan. （主語は yo）

5) ¿Vosotros (　　　　) de este barrio?　este =「この」（第 2 課）

6) Mi hermana (　　　　) simpática.　mi =「私の」（第 2 課）

7) La biblioteca municipal (　　　　) muy grande.

8) El auto no (　　　　) de la señora Rodríguez.

5 ▶ 次の語句をスペイン語に訳しましょう。

1) 1つの短い旅行

2) いくつかのきれいな庭

3) 1軒の良いレストラン

4) その親切な女の子

5) それらの小さな駅

6) その良い知らせ

6 ▶ スペイン語に訳しましょう。

1) 彼女たちはアルゼンチンの出身です。

2) （それらの）本棚は金属でできています。

3) 君たちはここの学生かい？　－はい、ここの学生です。

4) ピラルは内気な性格だ。

5) 彼は偉大な政治家です。

6) 背の高い男性がガルシア氏です。

¡Vamos a hablar!

1 ペアになって互いに自己紹介（名前、出身地、所属など）をしましょう。

2 周りの別のペアに、自分の相手を紹介しましょう。

Lección 2 ¿Dónde está el comedor?

1 **動詞 estar**

動詞 **estar** の直説法現在

estoy	**estamos**
estás	**estáis**
está	**están**

＜**estar** の用法＞   🔊 **1-20**

1. estar ＋ 形容詞 で「(主語は) 形容詞 である」という意味をあらわします。

Estamos contentos.

El hombre está enfadado.

La sopa está caliente.

2. estar ＋ 場所の表現 で、主語の所在をあらわします。

¿Dónde estás ahora? — Estoy en la estación de Atocha. (dónde = 「どこに」、第 4 課)

El supermercado está cerca de la oficina de correos.

2 **ser＋形容詞 と estar＋形容詞の違い**   🔊 **1-21**

ser ＋ 形容詞　：主語の永続的性質　　El camarero es simpático.

estar ＋ 形容詞：主語の一時的状態　　El camarero está ocupado.

¡Ojo!

ser と **estar** のどちらと用いるかによって意味が変わる形容詞があります。

Daniel es nervioso.　　　　　Daniel está nervioso.

Los chicos son alegres.　　　Los chicos están alegres.

Diana es lista.　　　　　　　Diana está lista.

estar が主語の所在をあらわす場合、一時的かどうかは関係ありません。

La chica está en una cafetería.

Madrid está en España.

3 存在をあらわす hay 🔊 1-22

動詞 **haber** の 3 人称単数形で、不特定の名詞の存在をあらわします。

Hay unos estudiantes extranjeros en la clase.
¿Qué hay en la bolsa? — Hay una botella de agua, un bocadillo y una manzana.
¿Hay una farmacia cerca de aquí?

estar + 場所の表現 と **hay** には次のような違いがあります。

estar + 場所の表現：主語の所在。つまり、当該の物や人が存在することは
　　　　　　　　　　　前提となっており、それが「どこにあるか」「どこに
　　　　　　　　　　　いるか」を述べます。

hay　　　　　　　：後続する名詞の存在。つまりそれが「あるかないか」
　　　　　　　　　　　「いるかいないか」を述べます。

4 指示詞 🔊 1-23

	この／これ		その／それ		あの／あれ	
	男性	女性	男性	女性	男性	女性
単数	**este**	**esta**	**ese**	**esa**	**aquel**	**aquella**
複数	**estos**	**estas**	**esos**	**esas**	**aquellos**	**aquellas**

中性形	**esto**	**eso**	**aquello**

指示詞は指示する名詞の性数に一致します。

Este edificio es muy alto.　　　　　Aquella mujer es la señora Moreno.
Ese es el coche de Juana.

中性形は指示するものが何かわからない、または抽象的な内容である場合に用
います。

¿Qué es esto? — Es un vestido tradicional de esta región.
Eso no es verdad.

Lección 2 ¿Dónde está el comedor?

5 所有形容詞前置形 🔊 1-24

	持ち主が単数	持ち主が複数
1人称	**mi / mis** (私の)	**nuestro / nuestra** **nuestros / nuestras** (私たちの)
2人称	**tu / tus** (君の)	**vuestro / vuestra** **vuestros / vuestras** (君たちの)
3人称	**su / sus** (彼の、彼女の、あなたの)	**su / sus** (彼らの、彼女らの、あなた方の)

nuestro, vuestro は性数変化、それ以外は数変化をして、後続する名詞に一致します。

mi diccionario　　vuestra universidad　　sus zapatos

6 所有形容詞後置形 🔊 1-25

	持ち主が単数	持ち主が複数
1人称	**mío / mía / míos / mías** (私の)	**nuestro / nuestra / nuestros /** **nuestras** (私たちの)
2人称	**tuyo / tuya / tuyos / tuyas** (君の)	**vuestro / vuestra / vuestros /** **vuestras** (君たちの)
3人称	**suyo / suya / suyos /** **suyas** (彼の、彼女の、あなたの)	**suyo / suya / suyos / suyas** (彼らの、彼女らの、あなた方の)

所有形容詞後置形はすべて性数変化します。

1. 名詞に後続する

un tío suyo　　Esta es una amiga mía.　　No es culpa tuya.

2. 定冠詞 + 所有詞後置形 で「～のもの」（＝所有代名詞）

¿Este es tu móvil? — No, el mío está aquí.
Vuestras camisetas son bonitas pero las nuestras, no.

3. ser ＋ 所有詞後置形 で「～のものである」

Este equipaje es suyo.

¿De quién es esta maleta verde? — Es mía.

7

数字 1-10　🔊 1-26

1 uno/una	2 dos	3 tres	4 cuatro	5 cinco
6 seis	7 siete	8 ocho	9 nueve	10 diez

uno には性変化があります。また、**uno** は男性単数名詞の前につく場合、**un** となります。(*cf.* 不定冠詞)。

un ordenador　　una impresora

8 接続詞 y と o　🔊 1-27

y は「～と」「そして」など、**o** は「または」「それとも」などの意味をあらわします。
y は i-, hi- で始まる語の前で **e** に、**o** は o-, ho- で始まる語の前で **u** になります。
3 つ以上の要素をつなぐ場合は、最後と最後から 2 番目の間にのみ置きます。

Roberto y yo somos profesores.

Esa chica es amable e inteligente.

En esta caja, hay tres manzanas, dos naranjas y una pera.

¿Es español o mexicano?

Diálogo　🔊 1-28

(En la universidad)

Yuki　　　　　 : Perdona*, ¿dónde está el comedor?

Un estudiante : Mira**. Al fondo de esta calle, hay un edificio grande. Y el comedor está justo al lado de ese edificio.

Yuki　　　　　 : ¿Está cerca?

Estudiante　　 : Sí, solo unos minutos a pie.

* perdona: すみません　　** Mira: いいかい？

2 Ejercicios

1 **estar** を直説法現在の適切な形にして書き入れましょう。

1) Ese señor (　　　　　) muy nervioso.

2) ¿Cómo (　　　　　) [vosotros]? — (　　　　　) un poco cansados.

3) La biblioteca (　　　　　) enfrente de la estación.

4 Unos compañeros míos de clase (　　　　　) enfermos.

5) Buenos días. ¿(　　　　　) el señor Fernández en esta sala?

6) El hospital (　　　　　) a diez kilómetros de aquí.

7) Esas tiendas ya (　　　　　) abiertas.

8) El cielo (　　　　　) oscuro.

2 次の文のカッコの中に **ser, estar, haber (hay)** から適切なものを選んで直説法現在に活用させて記入しましょう。正解が複数ある可能性もあります。

1) (　　　　　) tres mercados en esta ciudad.

2) María (　　　　　) morena.

3) Vicente (　　　　　) un chico muy alto.

4) En esa clase (　　　　　) cinco estudiantes extranjeros.

5) Madrid (　　　　　) en el centro de España.

6) Mi hijo (　　　　　) muy guapo.

3 指示にしたがってカッコの中に指示詞または所有詞を入れましょう。

1) En (僕の　　　　　) pueblo, hay unas plazas bonitas.

2) ¿Dónde está (あなたの　　　　　) mochila?

3) (その　　　　　) pantalones son un poco grandes para (私の　　　　　) hermano.

4) (君の　　　　　) habitación es (これ　　　　　).

5) ¿(この　　　　　) moto es (彼の　　　　　)?

6) (彼らの　　　　　) empresa está en Valencia.

7) (それらの　　　　　) chicas son alumnas de (あの　　　　　) escuela.

8) (あれらの　　　　　) torres son de La Sagrada Familia.

16

4 スペイン語に訳しましょう。

1) 私の猫たちはベッドの上 (encima de...) にいます。

2) 君たちの家は近代的 (moderno)だけど、僕たちの（家）は古い (antiguo) んだ。

3) それらは彼女の傘です。

4) 私たちの娘たちはとても退屈しています。

5) 僕の筆箱の中には、鉛筆が 3 本、消しゴムが 1 個、ボールペンが 2 本、マーカーが 2 本あるよ。

6) 君の車はどこにあるの？— このビルの近くに駐車場があって、そこにあるよ。

¡Vamos a hablar!

次の観光地がどこにあるかをペアの人にスペイン語で尋ねてみましょう。
尋ねられた人は国名を調べてスペイン語で答えましょう。

（例）¿Dónde está la Sagrada Familia? — Está en España.

Machu Picchu

El Salar de Uyuni

Chichén Itzá

La Alhambra

El Parque Nacional de Iguazú

El Castillo de Himeji

Lección 3 Entregan el tique a esa chica.

1 直説法現在の活用（規則動詞）

スペイン語の動詞は例外なく不定詞が **-ar, -er, -ir** のいずれかで終わります。どのタイプに属するかにより、活用語尾が異なります。

hablar		comer		vivir	
hablo	hablamos	como	comemos	vivo	vivimos
hablas	habláis	comes	coméis	vives	vivís
habla	hablan	come	comen	vive	viven

-ar 動詞の例： amar bailar bajar cantar esperar tomar estudiar buscar comprar
　　　　　　　 escuchar trabajar viajar llegar llevar
-er 動詞の例： aprender beber comprender creer leer
-ir 動詞の例： abrir decidir escribir subir

¡Ojo!

正書法やアクセント記号に関して注意すべき規則動詞があります。

coger ： cojo, coges, coge, cogemos, cogéis, cogen
enviar ： envío, envías, envía, enviamos, enviáis, envían

2 直説法現在の用法　🔊 1-29

1. 現在の行為・状況をあらわします。

La señora Fernández trabaja en un hotel.
Necesitamos un coche para este viaje.
¿Dónde vivís? — Vivimos cerca del Aeropuerto de Barcelona.

2. 現在の習慣的行為をあらわします。

Carlota bebe un vaso de leche todos los días.
Ese chico siempre llega tarde a clase.
Mi abuela abre las ventanas cada mañana.

3. 確実な未来の行為・状況をあらわします。

Envío unos correos electrónicos esta noche.

Mañana llegan mis hermanos a Kobe.

3 　直接目的語と間接目的語　🔊 1-30

動詞は意味を補足する要素として直接目的語や間接目的語を伴うことがあります。

1. 直接目的語：日本語の「〜を」に対応することが多い。特定の人である場合には、前置詞 **a** がつきます。

El director lee el periódico todas las mañanas.

Visito a mis abuelos los fines de semana.

2. 間接目的語：日本語の「〜に」に対応することが多い。常に前置詞 **a** がつきます。

Ignacio regala unas flores a su novia.

El secretario manda estos documentos a un cliente.

¡Ojo!

直接目的語が日本語の「〜を」に、間接目的語が「〜に」に対応するというのは、あくまでも目安です。対応しないものは、個別に覚えましょう（saludar, llamar por teléfonoなど）。

4 　直説法現在（不規則動詞 1　語根母音変化動詞）

e が **ie** に変わるもの　　**o** が **ue** に変わるもの　　**e** が **i** に変わるもの

pensar		volver		pedir	
pienso	pensamos	vuelvo	volvemos	pido	pedimos
piensas	pensáis	vuelves	volvéis	pides	pedís
piensa	piensan	vuelve	vuelven	pide	piden

u が **ue** に変わるもの

jugar	
juego	**jugamos**
juegas	**jugáis**
juega	**juegan**

同様の活用をする動詞には次のようなものがあります。

e が **ie** に変わるもの	:	cerrar	empezar	entender	querer	sentir
o が **ue** に変わるもの	:	poder	contar	costar	volar	encontrar
e が **i** に変わるもの	:	repetir	servir	elegir		

🔊 **1-31**

Los alumnos no entienden el tema.

José siempre pide un cortado en esta cafetería.

Esas tiendas cierran por la tarde.

¡Ojo!

動詞 **poder** は **poder** ＋ 不定詞 の形で、「〜できる」の意味をあらわします。また、転じて「〜してくれますか？」という依頼の表現としても使われます。

Podemos viajar por América del Sur estas vacaciones de verano.

¿Puedes bajar un poco el volumen de la música?

動詞 **querer** は後に名詞（直接目的語）を伴って「〜がほしい」「〜を愛している」という意味になるほか、**querer** ＋ 不定詞 の形で「〜したい」という意味をあらわします。

Quiero una botella de agua y un bocadillo para la excursión.

Antonio e Isabel quieren a sus hijos.

Queremos viajar por Andalucía durante el puente.

5 al と del 🔊 1-32

前置詞 **a** の後に定冠詞 **el** が続く場合は **al** に、前置詞 **de** の後に定冠詞 **el** が続く場合は **del** になります。

Visitamos al profesor Fernández.   Siempre tomamos una copa después del trabajo.

6 イントネーション 🔊 1-33

文の種類によって、発音する際のイントネーションが異なります。

平叙文：下降調

Es estudiante de esta universidad. (↘)

疑問詞を用いない疑問文：原則として上昇調

¿Es estudiante de esta universidad? (↗)

疑問詞を用いた疑問文：下降調または上昇調

¿Qué es esto? (↘) または ¿Qué es esto? (↗)

7 数字 11-20 🔊 1-34

| 11 once | 12 doce | 13 trece | 14 catorce | 15 quince |
| 16 dieciséis | 17 diecisiete | 18 dieciocho | 19 diecinueve | 20 veinte |

Diálogo 🔊 1-35

(En el comedor universitario)

Yuki : (A la estudiante de al lado) Perdona, ¿aquí cómo piden el menú?

Estudiante : Mira, es sencillo. Primero, los estudiantes compran un tique. El menú cuesta once euros. Luego cogen una bandeja, entregan el tique a esa chica y piden la comida al señor de allí. Y, al final, eligen un postre.

Yuki : Yo quiero beber algo también.

Estudiante : Yo bebo agua normalmente porque es gratis. Pero también puedes comprar refrescos, cerveza, etc.

Yuki : De acuerdo. Muchísimas gracias.

1 ▶ 次の文の中から動詞を選び出し、不定詞の形を答えましょう。また、文全体の意味も考えましょう。

1) Últimamente, sus hijos leen muchas novelas de fantasía.

2) Mi abuelo cierra la ventana del salón por las tardes.

3) Ese certificado sirve para la solicitud del visado.

4) Ese señor vende bebidas y bocadillos.

5) Prefiero esta camiseta a esa.

6) El perro siempre sigue a su dueño.

2 ▶ カッコの中の動詞を、主語に合わせて直説法現在に活用しましょう。

1) Esos estudiantes (estudiar   ) japonés.

2) Nosotros (jugar   ) al tenis en el parque.

3) Este viaje (costar   ) demasiado.

4) ¿(poder   ) usted apagar la luz, por favor?

5) ¿(tú) (entender   ) la pregunta?

6) (yo) (buscar   ) la llave de la habitación.

7) Mis hermanos (trabajar   ) en la oficina de correos.

8) El director (recibir   ) numerosos correos todos los días.

9) Una compañera mía (tomar   ) mucho té.

10) Este concierto (empezar   ) un poco tarde.

11) Yo (trabajar   ) en un comedor y (servir   ) comida a los estudiantes todos los días.

12) Nosotros (aprender   ) a tocar el piano.

13) Mañana (yo) (enviar   ) mi currículum a esa empresa.

14) Los clientes (elegir   ) el vino para acompañar la comida.

15) Los turistas (querer   ) hacer unas fotos delante de la catedral.

3 スペイン語に訳しましょう。

1) 僕は電車の中で音楽を聴きます。

2) アナは仕事でこのパソコンを使います。

3) 彼らは毎日 8 時間眠ります。

4) 私たちは明日、その会議に出席します。

5) アルゼンチン人はたくさんマテ茶を飲みます。

6) ハイメはマリアをとても愛しています。

¡Vamos a hablar!

カッコの中のヒントを参考にしながら、クラスメイトにスペイン語で次の質問をしてみましょう。質問を受けたら、文の形で答えましょう。

(例) ¿Estudias español todos los días? — No, no estudio español todos los días.

1) 毎日朝ごはんを食べるかどうか　(desayunar, todos los días)

2) 授業の後にアルバイトをしているかどうか　(trabajar, después de las clases)

3) 学食で食事をするかどうか　(comer, comedor)

4) 読書をするかどうか　(leer)

5) ラテンアメリカを旅行したいかどうか　(viajar por Latinoamérica)

1 直説法現在（不規則動詞２　１人称単数だけが不規則なもの） 🔊 1-36

１人称単数が **-zco**　　　　　１人称単数が **-go**

conocer	
conozco	conocemos
conoces	conocéis
conoce	conocen

hacer	
hago	hacemos
haces	hacéis
hace	hacen

conducir　traducir　　　　　poner　salir

saber	
sé	sabemos
sabes	sabéis
sabe	saben

dar	
doy	damos
das	dais
da	dan

ver	
veo	vemos
ves	veis
ve	ven

¿Qué haces los fines de semana? — Normalmente doy un paseo en el parque del Retiro.
Veo la televisión con mi familia después de cenar.

¡Ojo!

saber は「知識・情報として知っている」、**conocer** は「経験的に知っている」という意味です。特に **conocer** は、「会ったことがある」「聞いたことがある」「行ったことがある」という意味でよく使われます。

El abogado sabe la verdad.
No conozco a la mujer de José María.
¿Conoces Argentina?

saber ＋ 不定詞 は、能力・技術があるという意味での「〜できる」をあらわします。
poder ＋ 不定詞 は、能力や技術ではなく、特定の状況において可能か否かをあらわします。

Juan sabe conducir, pero ahora no puede porque tiene sueño.

2 直説法現在（不規則動詞 3　その他の不規則動詞）🔊 1-37

tener	
tengo	tenemos
tienes	tenéis
tiene	tienen

venir	
vengo	venimos
vienes	venís
viene	vienen

decir	
digo	decimos
dices	decís
dice	dicen

oír	
oigo	oímos
oyes	oís
oye	oyen

ir	
voy	vamos
vas	vais
va	van

Los Moreno vienen a Japón la próxima semana.
¿No oyes un ruido extraño?

3 tener の用法 🔊 1-38

1.「持っている」という所有の意味をあらわします。

Tengo un móvil de última generación.
Juana tiene tres hermanos.

2. あとに名詞をともなって、さまざまな状態をあらわします。

tener ＋ (hambre / sed / calor / frío / sueño / dolor de cabeza など)
Mi hijo tiene hambre.
Tengo mucho calor.

3. tener que ＋ 不定詞 の形で「〜しなければならない」の意味をあらわします。

Tenemos que ver al médico mañana por la mañana.
Tienes que estudiar mucho para el próximo examen.

4 **ir の用法** 🔊 **1-39**

1. **ir a** ＋ 行き先 で「〜へ行く」をあらわします。

Voy a la biblioteca todos los días.

2. **ir a** ＋ 不定詞 で「〜するつもりである」という未来の意味をあらわします。

Voy a ver a unos compañeros míos este viernes.

¿Vais a tomar vino en la fiesta de esta noche?

3. **vamos a** ＋ 不定詞 で「〜しましょう」という勧誘の意味をあらわします。

Vamos a esperar a Laura un poco más.

¡Vamos a bailar!

5 **接続詞 que と si** 🔊 **1-40**

que と **si** は名詞節を導く接続詞です。**si** を使うと「〜かどうか」の意味になります。

Creo que mis padres conocen a ese señor.

Ese chico dice que juega al fútbol por la mañana.

No sé si este restaurante es bueno o no.

6 **冠詞の基本用法** 🔊 **1-41**

冠詞の用法は実に多岐にわたります。ここではごく基本的な使い方のみ覚えましょう。

定冠詞 ：	すでに話題に出たから、または常識的判断などの理由により、名詞が「どれを指しているか」が聞き手にわかる場合に使います。
不定冠詞 ：	名詞が「どれを指しているか」が聞き手にわからない場合に使います。

Mañana voy a un concierto. Ahora voy a comprar entradas para el concierto.

Vamos a tomar un café en el comedor de la universidad.

Vamos a tomar un café en un bar.

El sol sale por el este.

7 疑問詞 🔊 1-42

quién, cuál は数変化を、**cuánto** は性数変化をします。

qué（何）
¿Qué quieres comer?
¿Qué estudias?

quién（誰）
¿Quién va a traer la comida?
¿Quiénes son esos señores?

cuál（どれ）
¿Cuáles son tus zapatos?
¿Cuál es su nombre?

cuándo（いつ）
¿Cuándo vais a llegar al aeropuerto?
¿Cuándo es su cumpleaños?

dónde（どこ）
¿Dónde está el servicio?
¿Dónde compras ropa normalmente?

cómo（どう/どうやって）
¿Cómo están tus padres?
¿Cómo vienes a la universidad?

cuánto（いくつ/いくら）
¿Cuántos años tienes?
¿Cuánto tiempo llevas en este pueblo?

por qué（なぜ）
¿Por qué caminas tan deprisa?
¿Por qué estudiamos lenguas extranjeras?

Diálogo 🔊 1-43

Luis : Yuki, ¿qué vas a hacer este fin de semana? Nosotros vamos a hacer un picnic en el campo. ¿Vienes tú también?

Yuki : Por la mañana, tengo que ir a la peluquería, pero por la tarde, tengo tiempo. ¿Quiénes van a participar? ¿Carlota también?

Luis : No sé si va a ir Carlota o no. Pero sé que van Miguel, Mónica y Aya.

Yuki : Muy bien. Pues ¿dónde quedamos?

Luis : Creo que quedamos en la Plaza Mayor.

Yuki : ¡Perfecto!

4   Ejercicios

1 ▶ カッコの中の動詞を、主語に合わせて直説法現在に活用しましょう。

1) Esos estudiantes (venir   ) a menudo a mi despacho.

2) Yo (conducir   ) a veces para ir al supermercado.

3) Juan (salir   ) muy temprano de casa.

4) La enfermera (decir   ) que tu lesión no es muy grave.

5) (ir   ) a visitar al señor González esta tarde. (主語は yo)

6) Los fines de semana, (ver   ) una película con mi familia. (主語は yo)

7) Nosotros (tener   ) que ir a la embajada esta tarde.

8) ¿(conocer   ) ustedes al jefe de este departamento?

9) Yo no (saber   ) si la presidenta (ir   ) a viajar a Estados Unidos o no.

10) ¿Por qué no (dar   ) un paseo después de comer? (主語は nosotros)

2 ▶ 日本語訳を参考に、文の意味に合うようにカッコの中に定冠詞または不定冠詞を記入しましょう。また、それぞれ選んだ理由も考えましょう。

En mi universidad hay (   ) comedor y (   ) biblioteca. Yo normalmente como en (   ) comedor con mis compañeros. Después de (   ) clases, estudio (   ) horas en (   ) biblioteca. Luego, trabajo en (   ) academia cercana a (   ) universidad. Creo que es cómodo trabajar allí porque (   ) jefe de (   ) academia es muy simpático.

私の大学には食堂が 1 つと図書館が 1 つあります。私は普段、クラスメイト達と食堂で食事をします。授業の後には、図書館で数時間勉強します。その後、大学近くの塾で働いています。私は、そこで働くのは快適だと思います、というのも、塾長がとても良い人だからです。

3 次の文の下線部を尋ねる疑問文を書きましょう。

1) Estamos <u>en el ayuntamiento</u>.

2) Aprendo inglés <u>porque voy a trabajar en Inglaterra</u>.

3) Juana tiene <u>diecinueve</u> años.

4) Pienso ir a Tokio <u>en avión</u>.

5) Vamos a comprar el coche <u>mañana</u>.

6) Mis gafas son <u>estas</u>.

4 スペイン語に訳しましょう。

1) 誰がこのクラスで数学を教えているのですか？

2) 君は、今日の午後は何をしないといけないの？

3) 私たちは彼らが夏休み中にスペインを旅行するつもりかどうか知りません。

4) 私はフェルナンデス氏のことをあまり知りません。

5) あなたのお名前は何ですか？

6) （君たちは）寒くないの？　暖房を入れようよ。

¡Vamos a hablar!

カッコの中のヒントを参考にしながら、クラスメイトにスペイン語で次の質問をしてみましょう。質問を受けたら、文の形で答えましょう。

1) 毎日大学に来るかどうか

2) 今、お腹がすいているかどうか

3) 北海道に行ったことがあるかどうか (conocer)

4) 今週末、何をするつもりか (hacer, este fin de semana)

Lección 5　¿Te gusta cocinar?

1　**目的格人称代名詞**　🔊 1-44

<table>
<tr><td colspan="3" align="center">直接目的格 (≒〜を)</td></tr>
<tr><td></td><td>単数</td><td>複数</td></tr>
<tr><td>1人称</td><td>me</td><td>nos</td></tr>
<tr><td>2人称</td><td>te</td><td>os</td></tr>
<tr><td>3人称</td><td>lo, la, (le)</td><td>los, las</td></tr>
</table>

<table>
<tr><td colspan="3" align="center">間接目的格 (≒〜に)</td></tr>
<tr><td></td><td>単数</td><td>複数</td></tr>
<tr><td>1人称</td><td>me</td><td>nos</td></tr>
<tr><td>2人称</td><td>te</td><td>os</td></tr>
<tr><td>3人称</td><td>le</td><td>les</td></tr>
</table>

1. 目的格人称代名詞は活用した動詞の直前に置きます。

　¿Conocéis a la profesora Fernández? — Sí, la conocemos.

　¿Quieres estos sombreros? — No, no los quiero.

2. 直接目的格人称代名詞と間接目的格人称代名詞を同時に使用する場合は、間接–直接の順（「〜に〜を」の順）で置きます。

　¿Me regalas esta novela? — Claro, te la regalo.

3. 2.の場合、間接目的格・直接目的格がともに3人称であれば、間接目的格が **se** になります。

　¿Le envías tú este paquete a Patricia? — Sí, se lo envío yo.

4. 目的格人称代名詞が不定詞の目的語になる場合は、不定詞の後ろにくっつけて一語にすることが可能です。

　Voy a buscar a mi madre. → Voy a buscarla. または La voy a buscar.

　¿Vas a enseñarles esta pintura a los visitantes?

　— No, no voy a enseñársela. または No, no se la voy a enseñar.

5. lo には抽象的内容をあらわす中性の用法もあります。

　¿Dónde trabaja ese chico? — No lo sé.

スペインでは、直接目的格人称代名詞の 3 人称男性形が「人」を指す場合のみ、**lo / los** の代わりに **le / les** が使用されることがあります。

¿Normalmente visitas a ese cliente? — Sí, lo [le] visito de vez en cuando.

2 **前置詞格人称代名詞** 🔊 **1-45**

前置詞のあとに代名詞を置く場合の形です。1 人称単数と 2 人称単数以外は、主語の代名詞と同じ形を使います。アクセント記号の有無に注意しましょう。

1 人称単数：**mí**　　　2 人称単数：**ti**　　　3 人称（再帰）：**sí** (→第 7 課)

Mi padre habla mucho de ti.
¿Este pastel es para mí?
Unos amigos suyos van a venir con ellos a la fiesta.

前置詞 **con** の時のみ、**con mí, con ti, con sí** ではなく **conmigo, contigo, consigo** となります。

¿Puedo ir contigo a la playa mañana?
Mis vecinos son muy amables conmigo.

3 **動詞 gustar の用法** 🔊 **1-46**

「〜が好きだ」は、間接目的格人称代名詞と動詞 **gustar** で表現します。**gustar** は「〜に好かれる」とか「〜に好きな気持ちを起こさせる」といった意味で、好かれる側（人・モノ・コト）が主語に、好く側（人や動物）が間接目的語になり、主語は動詞のあとに置かれるのが普通です。

Me gusta el fútbol.
¿Te gustan las obras de ese escritor?
Nos gusta cantar en el karaoke.

前置詞 **a** を用いて、間接目的語を重複させることがあります。　🔊 **1-47**

A mí me gustan los gatos.

A Juan le gusta tocar el piano.

¡Ojo!

主語には定冠詞、指示詞、所有詞のいずれかがつくのが普通です。

また、「好きな度合い」を表現する要素は、原則として **gustar** の直後に置きます。

○ Me gusta mucho esta canción.　　△ Me gusta esta canción mucho.

同様の使い方をする動詞：encantar　interesar　doler　importar など

A mi hija le encanta la tortilla de patatas.

Nos interesa el sistema educativo de España.

Me duele mucho el estómago.

¿A usted le importa cerrar la puerta?

4　**数字 21-100**　🔊 **1-48**

21 veintiuno	22 veintidós	23 veintitrés	24 veinticuatro
25 veinticinco	26 veintiséis	27 veintisiete	28 veintiocho
29 veintinueve	30 treinta	31 treinta y uno	32 treinta y dos
40 cuarenta	50 cincuenta	60 sesenta	70 setenta
80 ochenta	90 noventa	100 cien	

5　**時刻・日付・曜日の表現**　🔊 **1-49**

1. 「～時です」

¿Qué hora es?

Es la una.　　　　　　　　　　　　　Son las dos en punto.

Son las nueve y veinte de la mañana.　　Son las cinco y media de la tarde.

Son las once y cuarto.　　　　　　　　Es la una menos diez.

2. 「〜時に○○します」

¿A qué hora vas a llegar a la estación de Chamartín?

Voy a llegar a la una.   Desayuno a las siete todos los días.

Los españoles cenan a eso de las diez.   Este restaurante abre a las nueve.

3. 日付

月の名称

enero	febrero	marzo	abril	mayo	junio
julio	agosto	septiembre	octubre	noviembre	diciembre

¿Qué día (del mes) es hoy? — Hoy es trece de junio.

¿A qué estamos hoy? — Estamos a doce de septiembre.

¿Qué fecha es hoy? (主に中南米)

¿Cuándo es tu cumpleaños? — Es el cinco de octubre.

   cf.) Pienso visitar Colombia en septiembre.

4. 曜日

曜日の名称

lunes   martes   miércoles   jueves   viernes   sábado   domingo

Voy a comer con mis abuelos el viernes.

Trabajo en un restaurante japonés los sábados.

Diálogo 🔊 1-50

Yuki : ¿A ti te gusta cocinar, Luis?

Luis : ¡Me encanta! Cocino todos los días, y los fines de semana, hago paella con mi familia. Si quieres, ¿por qué no hacemos una paella en el campo este sábado?

Yuki : ¿En serio? ¿Puedo decírselo a unos amigos míos japoneses también? Creo que a ellos les interesa probarla.

Luis : ¡Claro que puedes decírselo! Entonces, ¿a qué hora empezamos?

1 ▶ 下線部を目的格人称代名詞で置き換え、全文を書き換えましょう。

1) Miramos el horario.

2) Quiere mucho a su hija.

3) Ayudo a mi padre.

4) Me regalan este reloj.

5) Voy a llamar a mi tía.

6) Tengo que enviar esta carta a los clientes.

2 ▶ 指示に従って、目的格人称代名詞を使ってスペイン語で答えましょう。

1) ¿A veces visitáis a vuestros abuelos? (sí)

2) ¿Abres estas puertas por las mañanas? (no)

3) ¿Conoce usted a Pilar y a María? (sí)

4) ¿Quién va a traer la tarta a la fiesta? (David)

5) ¿Cómo entregáis la tarea a la profesora? (por correo electrónico)

6) ¿Cuándo puedes prestarle el coche? (este sábado)

3 ▶ **¿Qué hora es?**（今何時ですか？）という質問に答えましょう。

1) 1 時 15 分

2) 11 時 40 分

3) 午後 6 時 25 分

4) 午前 10 時 30 分

5) 夜の 11 時ちょうど

6) 午後 0 時 45 分

4 ▶ 日本語に合わせてカッコの中に適切な語を入れましょう。

1) A (　　　　　) (　　　　　) (　　　　　　　) la historia latinoamericana.
   僕はラテンアメリカの歴史に興味があります。

2) (　　　　　) (　　　　　) (　　　　　) las obras de Haruki Murakami.
   私たちは村上春樹の作品が大好きです。

3) (　　　　　) (　　　　　　　) el estómago.

僕はお腹が痛い。

4) ¿A (　　　　　) (　　　　　) (　　　　　　　) el chocolate?

（あなたは）チョコレートはお好きですか？

5 スペイン語に訳しましょう。

1) 君にエレナを紹介するよ。

2) 僕の息子は野球が大好きなんだ。

3) 彼らに本当のことを言うつもりかい？ ― はい、言うつもりです。

4) （あなた方は）ミゲルがどこに住んでいるか、ご存知ですか？ ― いいえ、存じません。

5) 授業は何時に終わるの？ ― 午後 5 時 45 分に終わるよ。

6) 妹さんにはいつ会う予定？ ― この日曜に会うよ。

¡Vamos a hablar!

以下の表は **Carlota** と **Jaime** のある 1 日の予定です。以下の行動を何時にするか、ペアの人にスペイン語で質問してみましょう。

例) ¿A qué hora llega Jaime a la universidad? — Llega a las nueve y media.

Carlota	
7:00	desayunar
8:00	salir de casa
11:45	comer en el comedor
17:30	empezar a trabajar en el bar
22:00	volver a casa

Jaime	
8:00	lavar la ropa
9:30	llegar a la universidad
14:30	jugar al fútbol
18:00	ir al supermercado
19:30	cenar

1 主な前置詞 🔊 1-51

¡Ojo!

多くの前置詞は複数の意味を持ち、ここに挙がっていない意味で使用されることも
よくあります。詳しくは辞書で確認しましょう。

a

「～に」（目的地）	Voy a ir **a** Cancún.
直接目的語	Quiero **a** Elena.
間接目的語	Tenemos que entregar el informe **al** jefe.

con

「いっしょに」	Después de clase, siempre tomo un café **con** mis compañeros.
「～で」（道具）	Escribe las notas **con** un bolígrafo.

de

「～の」	Esta es la casa **de** una actriz muy famosa.
「～から」	Vamos a viajar **de** Chile a Estados Unidos.

en

「～中に/で」	Tengo unas manzanas **en** la caja.
「～上に/で」	El ordenador está **en** el escritorio.
「～語で」（言語）	El guía nos explica la historia **en** inglés.
「～で」（移動手段）	Me gusta viajar **en** avión.

para

「～にとって」	Estos libros son un poco difíciles **para** nosotros.
「～のために/の」	Traigo unos regalos **para** ti.
「～までに」	Tenemos que terminar estas tareas **para** mañana.

por

「〜によって」（理由）	Vamos a tratar de este tema **por** varias razones.
「〜の代わりに」	¿Puedes ir a la reunión **por** mí?
「〜あたりに」	¿Hay un cajero automático **por** aquí?

sobre

| 「〜について」 | El señor Domínguez nos va a hablar **sobre** la historia de Perú. |
| 「〜の上に」 | El reloj también está **sobre** el escritorio. |

2 過去分詞

1. 過去分詞の作り方

-ar 動詞 → -ado	hablar → hablado
-er 動詞 → -ido	comer → comido
-ir 動詞 → -ido	vivir → vivido

不規則なもの

abrir → abierto	volver → vuelto	hacer → hecho	escribir → escrito
decir → dicho	poner → puesto	morir → muerto	ver → visto
freír → frito	romper → roto		

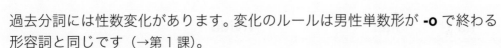

過去分詞には性数変化があります。変化のルールは男性単数形が **-o** で終わる
形容詞と同じです（→第 1 課）。

hablado, hablada, hablados, habladas

-ido の前に開母音がくる場合、**i** にアクセント記号がつきます。

| caer → caído | leer → leído |

2. 過去分詞の用法　 **1-52**

(i) 名詞を直接修飾します。この場合、名詞と性数一致し、また他動詞の過去分詞は「～された」という受け身の意味になります。

un cuadro pintado por un artista italiano
las patatas fritas
un texto escrito en francés

(ii) 分詞構文として、時、条件、理由などの意味をあらわします。

Terminada la tesina, saldremos de fiesta.（saldremos は直説法未来形→第 13 課）
Llegado el invierno, encendimos la calefacción.

過去分詞はこれ以外に完了形（→次節）や受身文（→第 12 課）にも用いられます。

3 **直説法現在完了**

完了時制はすべて、動詞 **haber** ＋ 過去分詞 の形で作ります。
haber を直説法現在形に活用すると直説法現在完了になります。

haber の直説法現在		過去分詞
he	hemos	**hablado**
has	habéis	＋ **comido**
ha	han	**vivido**

¡Ojo!

完了時制では、過去分詞は必ず男性単数形（**-o** で終わる形）になります。

目的格人称代名詞は、**haber** の直前に置きます。

○ Lo he comido.　　× He lo comido.　　× He comídolo.

直説法現在完了の用法 🔊 1-53

1. 過去から現在まで継続している行為や状態をあらわします。

Hemos estado muy ocupados hasta ahora.
Ustedes me han tratado muy bien durante esta estancia.

2. 発話時点を含む期間内にすでに終了した行為や状態をあらわします。期間を
あらわす表現が文中に明示されないこともあります。

Esta semana hemos trabajado mucho.
El nuevo emperador japonés ha visto a varias personas hoy.
¿Has visto a Lorena por aquí? — No, no la he visto.

「発話時点を含む期間」をあらわす表現には **hoy** (今日)、**esta semana** (今週)、
este mes (今月)、**este año** (今年) などがあります。

3. 現在までの経験をあらわします。

¿Has visto alguna vez al novio de Carmen? — Sí, lo he visto dos veces.
¿Habéis estado alguna vez en México? — No, no hemos estado nunca.

Diálogo 🔊 1-54

(En un pasillo de la facultad)

Luis : ¡Hola Yuki! Oye, ¿has visto a Miguel por aquí?

Yuki : No, pero ¿no está en la biblioteca? Tiene que entregar un trabajo hoy
para las 5 de la tarde y últimamente, siempre ha estado allí con sus
compañeros.

Luis : En la biblioteca he estado hace un momento y no le he visto. Bueno, le
voy a enviar un mensaje para preguntarle dónde está. ¡Gracias de todas
formas*!

Yuki : De nada. ¡Nos vemos!

* de todas formas: とにかく、いずれにせよ

1 ▶ カッコの中に適切な前置詞を入れましょう。複数の可能性が考えられるものもあります。

1) El príncipe va a viajar a Sevilla (　　　　) tren.

2) Las fotocopias están (　　　　) mi carpeta.

3) ¿Puede usted explicármelo (　　　　) japonés?

4) ¿(　　　　) dónde vienes?

5) Los japoneses comemos (　　　　) palillos.

6) Creo que este artículo es un poco difícil (　　　　) mí.

2 ▶ カッコの中の動詞を現在完了に活用しましょう。

1) El alcalde (llegar　　　　　　　　) al hotel esta tarde.

2) La señora (ser　　　　　　　　) muy amable conmigo.

3) (hacer　　　　　　　　) los deberes de la clase de matemáticas. (主語は yo)

4) ¿Qué te (decir　　　　　　　　) tus compañeros sobre este asunto?

5) Mis padres (volver　　　　　　　　) del viaje por Hawái esta mañana.

6) ¿(estar　　　　　　　　) alguna vez en Kioto? (主語は vosotros)

7) (oír　　　　　　　) que va a haber una huelga mañana. (主語は yo)

8) ¿(ver　　　　　　　) mi mensaje? (主語は tú)

3 ▶ 次の文を日本語に訳しましょう。複数の解釈が可能なものもあります。

1) Cortada la luz, no podemos hacer nada.

2) Terminada la charla, los oyentes le han hecho preguntas.

3) Comparada conmigo, Inma es muy alta.

4) Aun cansado del trabajo, Daniel va a ir al gimnasio.

4 ▶ 次の語句をスペイン語に訳しましょう。

1) ゴヤによって描かれた絵

2) 有名な料理人によって準備された料理

3) チリ人作家によって書かれた数冊の小説

4) 一通の手書きの手紙

5 ▶ 次の文をスペイン語に訳しましょう。

1) 私は今日あまり寝ていなくて、とても眠いです。

2) 今年は多くの自然災害があった。

3) 僕たちは何度もヨーロッパに行ったことがあります。

4) 今朝、君たちは私の机の上にその書類を置いたの？

5) 彼らは今日、朝ごはんにカフェオレとトーストを食べました。

6) プレゼントは気に入ったかい？

¡Vamos a hablar!

カッコのヒントを参考に、クラスメイトに次のことを質問してみましょう。

第４課で見た疑問詞も、適宜復習しましょう。

朝ご飯は何を食べたか（desayunar〜：朝ご飯に〜を食べる）

今朝、テレビを見たか（esta mañana）

今日どうやって大学に来たか

今日いくつ授業を受けたか（tener clases）

Lección 7 Se hablan varios idiomas en España.

1 再帰動詞

動詞が再帰代名詞を伴うと再帰動詞と呼ばれ、基本的に「自分自身を〜する」または「自分自身に〜する」の意味をあらわします。

levantarse の直説法現在

me	levanto	nos	levantamos
te	levantas	os	levantáis
se	levanta	se	levantan

levantar「〜を持ち上げる・起こす」

 Levanto la caja.（私は箱を持ち上げます）

levantarse「自分自身を持ち上げる・起こす」→「起きる」「立つ」

 Me levanto.（私は起きます / 立ちます）

再帰動詞の文では、主語、再帰代名詞、動詞の人称・数が必ず一致します。したがって、例えば (Yo) te levanto. などは再帰動詞の文ではありません。

＜再帰動詞の用法＞　🔊 1-55

(i) 再帰代名詞が直接目的語になる（直接再帰≒「自分自身を〜する」）

 levantarse, acostarse, llamarse, sentarse, ducharse, bañarse, despertarse, maquillarse など

 ¿A qué hora te levantas? — Me levanto a las siete menos cuarto.
 Pablo se ducha después de desayunar.
 Vamos a sentarnos aquí.

(ii)再帰代名詞が間接目的語になる（間接再帰≒「自分自身に〜する」）

 ponerse ＋ 衣服等, **quitarse** ＋ 衣服等, **lavarse** ＋ 体の一部 など

 En el aula, siempre me quito el abrigo y el sombrero.
 Me lavo las manos antes de comer.
 Tienes que ponerte una chaqueta para acudir a la entrevista.

(iii) 相互用法「互いに〜する」（主語は必ず複数）

Carlos y Sara se quieren mucho.

Nosotros nos respetamos el uno al otro.

(iv) 元の動詞の意味になんらかのニュアンスを加えるもの

comerse, beberse, irse, morirse など

Este niño se come un bocadillo entero.

Ese joven se bebe una botella de cerveza todos los días.

Ya es tarde. Así que me voy a casa.

Me muero de hambre.

(v) 再帰動詞でしか使われない動詞もあります。

arrepentirse (de …), quejarse (de …), atreverse (a …)など

Los clientes de ese hotel se quejan de la calidad del servicio.

(vi) 再帰受身：**se**＋3 人称。主語はモノのみで、動作主は明示されません。

（→第 12 課）

Se hablan numerosas lenguas indígenas en Latinoamérica.

En esa frutería, se venden muchas frutas exóticas.

2 不定主語文 🔊 1-56

主語を特定する必要がない場合や、主語がわからない場合は、以下の形式を使います。

1. se + 3人称単数：「人は一般に〜する」といった意味です。

Se come muy bien en aquel restaurante.

En este país se vive tranquilamente.

2. 3人称複数：話し手と聞き手以外の不特定の人が主語であるイメージです。

En esa escuela dan clases de catalán.

Dicen que el primer ministro japonés va a visitar Alemania.

3. 2人称単数：主に口語で使用され、「人は一般に〜する」といった意味です。

En un viaje al extranjero, vas a aprender muchas cosas.

4. uno / una：「(不特定の)ある人は〜する」が転じて「人は一般に〜する」
となります。

En público, uno tiende a hablar rápido.

3 **al +不定詞** 🔊 1-57

al + 不定詞は「〜する時」という、時の意味をあらわします。

Al abrir el sobre, me corté la mano.
En Japón, se permite tomar alcohol al cumplir veinte años.

4 **現在分詞**

1. 現在分詞の作り方

-ar 動詞 → -ando	hablar → hablando
-er 動詞 → -iendo	comer → comiendo
-ir 動詞 → -iendo	vivir → viviendo

＜不規則形＞

母音 ＋ **-er, -ir** の動詞

    oír → oyendo   leer → leyendo

語根母音変化をする **ir** 動詞

    pedir → pidiendo   morir → muriendo   dormir → durmiendo

その他

    ir → yendo   decir → diciendo   venir → viniendo

2. 現在分詞の用法 🔊 1-58

(i) **estar** + 現在分詞 で進行形を作ります。**estar** を現在形に活用すると、現在進行
形になります。**estar** を線過去に活用した過去進行形（→第 9 課）などもありま
す。

¿Qué estás buscando? — Estoy buscando la llave de mi coche.

(ii) 分詞構文で時、条件、理由、譲歩、付帯状況などの意味をあらわします。

Nosotros cenamos viendo la televisión.

Aun siendo tan pequeña, María ya sabe manejar el ordenador.

¡Ojo!

現在分詞には目的格人称代名詞や再帰代名詞をくっつけることができます。

Mi padre está bañándose ahora.

Criticándolo, no vas a cambiar nada.

5 lo + 形容詞 🔊 1-59

lo + 形容詞 で「〜なこと」をあらわします。

Lo bueno de este ordenador es su rapidez.

Lo interesante de este evento es que participan muchos extranjeros.

Diálogo 🔊 1-60

Yuki : Estoy leyendo un libro sobre multilingüismo en España. Dicen que en España se hablan varios idiomas. Pero, ¿es cierto? Te lo pregunto porque aquí en Madrid, me parece que solo se habla castellano.

Luis : Bueno, sí. Pero en Cataluña, por ejemplo, hablan catalán y en las calles, se ven muchos anuncios y carteles en catalán también. En Galicia y en el País Vasco pasa lo mismo.

Yuki : ¡Es interesante! Quiero aprender un poco esas lenguas para hablar con la gente de allí en su idioma.

7 Ejercicios

1 カッコの中の動詞を直説法現在または直説法現在完了に活用しましょう。

1) Antes de comer, los niños (lavarse _____) las manos sin falta.

2) En la clase de español, ese chico siempre (sentarse _____) en la primera fila.
   (primera＝第 1 の→第 12 課)

3) ¿A qué hora (levantarse _____) hoy? (主語は tú)

4) Yo (irse _____) a mi país dentro de unas semanas.

5) (quitarse _____) el abrigo porque tenemos calor.

6) Mis abuelos (despertarse _____) muy temprano todos los días.

7) Esta mañana, (ponerse _____) un kimono para la ceremonia de graduación.(主語は yo)

8) Nosotros no (bañarse _____) mucho sino que simplemente (ducharse _____).

2 日本語訳を参考にリストの中から動詞を選び、適切な形でカッコに入れましょう。またその際、再帰代名詞が必要なところには適宜追加すること。

volver	sentar	cenar	ser	charlar	duchar
salir	acostar	levantar	desayunar	enviar	

Hoy (_____) a eso de las seis y media. Primero, (_____), y luego, (_____). Después del desayuno, (_____) de casa para la universidad. En el tren normalmente puedo (_____), pero hoy no he podido. Después de las clases un compañero mío me (_____) un mensaje y (_____) con él en el comedor. (_____) a casa a las seis y (_____) con mi familia. (_____) un día muy normal pero feliz. Voy a (_____) dentro de poco. Buenas noches.

今日僕は６時半頃に起きました。まずシャワーを浴びてから、朝ご飯を食べました。朝ご飯の後は大学へ行くために家を出ました。電車では、普段は座れるのですが、今日は座れませんでした。授業の後は、クラスメイトがメッセージを送ってきたので、食堂で彼とおしゃべりをしました。６時に帰宅し、家族と夕食を摂りました。極めて平凡ですが幸せな日でした。間もなく寝ます。おやすみなさい。

3 ▶ 次の文を **estar** ＋現在分詞の現在進行形に書き換えましょう。

1) Hacemos la tarea con mis compañeros.

2) Leo una obra favorita de Isabel Allende.

3) Los médicos se lavan las manos con cuidado.

4) Los alumnos duermen en el aula.

4 ▶ スペイン語に訳しましょう。

1) 僕は、あえて彼女に真実を伝えることはしない。

2) 今日の午後、ホルヘがケーキを全部食べてしまったんです。

3) 大学を卒業すると (terminar la carrera)、彼は外国へ行ってしまいました。

4) オリーブオイルはとても健康に良いと言われている。

5) 何をしているの？ ― コロンビアの大学に関する情報を探しているんだ。

6) 日本では家に入る時に靴を脱がないといけないんだよ。

¡Vamos a hablar!

以下のことを何時にするか、ペアの人に質問してみましょう。

（例）¿A qué hora te levantas? ― Me levanto a las 7.

levantarse
lavarse los dientes
desayunar
salir de casa
llegar a casa
ducharse (bañarse)
acostarse

8

Lección 8 Fui a Buenos Aires.

1 過去をあらわす表現 🔊 1-61

スペイン語には、発話時点から見た過去のことをあらわす表現が大きく分けて3種類あります。第6課ですでに見た現在完了と、これから見る点過去と線過去です。

● 現在完了（「現在完了」と呼ばれますが、実際には過去のことをあらわします）

He hablado con el señor Martínez hoy.

● 点過去（完了過去）

Hablé con el señor Martínez ayer.

● 線過去（未完了過去）

Yo hablaba con el señor Martínez cuando llegó Roberto.

2 直説法点過去（直説法完了過去）

1. 規則活用

hablar		comer		vivir	
hablé	hablamos	comí	comimos	viví	vivimos
hablaste	hablasteis	comiste	comisteis	viviste	vivisteis
habló	hablaron	comió	comieron	vivió	vivieron

不定詞が **-car, -gar, -zar** で終わる動詞は1人称単数で正書法上の注意が必要です。

sacar		llegar		empezar	
saqué	sacamos	llegué	llegamos	empecé	empezamos
sacaste	sacasteis	llegaste	llegasteis	empezaste	empezasteis
sacó	sacaron	llegó	llegaron	empezó	empezaron
tocar buscar		pagar agregar		comenzar realizar	

不定詞が母音 ＋ **-er/ -ir** で終わる動詞は、3 人称の時に **i** が **y** に変わります。また、アクセント記号にも注意が必要です。

creer		oír		construir	
creí	creímos	oí	oímos	construí	construimos
creíste	creísteis	oíste	oísteis	construiste	construisteis
creyó	creyeron	oyó	oyeron	construyó	construyeron

leer   destruir   contribuir

2. 不規則活用

(i)

poner		hacer		decir	
puse	pusimos	hice	hicimos	dije	dijimos
pusiste	pusisteis	hiciste	hicisteis	dijiste	dijisteis
puso	pusieron	hizo	hicieron	dijo	dijeron

tener (tuve …)   venir (vine …)   traer (traje …)
estar (estuve …)   querer (quise …)   conducir (conduje…)
andar (anduve …)   traducir (traduje…)
poder (pude …)
saber (supe …)
haber (hube …)

(ii)   3 人称のみ不規則なもの：直説法現在の活用で語根母音変化をする **-ir** 動詞

pedir		morir	
pedí	pedimos	morí	morimos
pediste	pedisteis	moriste	moristeis
pidió	pidieron	murió	murieron

sentir servir   dormir
preferir repetir

(iii) その他

dar		ir / ser	
di	dimos	fui	fuimos
diste	disteis	fuiste	fuisteis
dio	dieron	fue	fueron

3 **直説法点過去の用法**　🔊 1-62

過去に起こった出来事や行為について、それらがすでに終わったことをあらわします。

Aprendimos francés en la universidad.

Los turistas visitaron el Museo del Prado ayer por la tarde.

Llegué a la Ciudad de México la semana pasada.

Esta organización contribuyó bastante al desarrollo de la ciencia humana.

Estoy muy cansado porque ayer conduje durante siete horas.

Ángela se puso un sombrero para ir a la playa.

Murieron numerosas personas en el accidente aéreo del otro día.

4 **動詞 hacer を用いた時間表現**　🔊 1-63

hacer の 3 人称単数形で、「〜前」をあらわします。**hacer** を直説法現在形に活用すると現在が基準に、直説法線過去（→第 9 課）に活用すると過去の時点が基準になります。

Elena y yo nos conocimos hace diez años.

Empecé a trabajar en esta empresa hace dos horas.

hacer と **que** を用いた以下のような構文もあります。

Hace mucho que terminé la carrera universitaria.

Hace tres horas que están en el hospital.

＝Están en el hospital desde hace tres horas.

　cf.) Hacía tres horas que estaban en el hospital.（線過去の例）

5 直説法現在完了と直説法点過去の区別

直説法現在完了 ： 発話時点を含んだ期間 (hoy, esta semana, este mes など) に
終了した出来事や行為

直説法点過去 ： 発話時点とは切り離された過去の期間 (ayer, anoche, la
semana pasada, hace un mes など) に終了した出来事や行為

¡Ojo!

上記の使い分けは、原則としてスペインのスペイン語に適用されるものです。
アメリカ大陸のスペイン語では、上記のいずれの状況においても直説法点過去
が用いられる傾向があります。

6 天候の表現　🔊 1-64

天候は、3 人称単数の動詞で表現します。

¿Qué tiempo hace hoy?

Hace buen tiempo.	Hace mal tiempo.	Hace viento.
Hace calor.	Hace mucho frío.	
Está despejado.	Está nublado.	
Llueve. (Está lloviendo.)	Nieva. (Está nevando.)	

Diálogo　🔊 1-65

(Después de las vacaciones)

Luis ： ¿Qué tal fue el viaje a Argentina?

Yuki ： ¡Estupendo! Fui solo a Buenos Aires, pero visité muchos lugares como
Caminito, la Casa Rosada, el Puerto Madero, etc. Sobre todo, me gustó
Caminito.

Luis ： No me suena… ¿Qué es eso?

Yuki ： Es nombre de una zona.
Allí hay muchas casas bonitas con colores.
Además, vi personas bailando tango en la calle.

Luis ： ¿En serio? ¡Parece divertido!

1 カッコの中の動詞を点過去に活用しましょう。

1) Anoche (bailar   ) hasta muy tarde. (主語は nosotros)

2) Ellos (recibir   ) un correo de la secretaria.

3) Yo (llegar   ) a este país hace una semana.

4) Nosotros (aprender   ) latín en la universidad.

5) Hace dos años que Pilar y Carlos (tener   ) la hija.

6) Los hombres (quitarse   ) el abrigo antes de entrar en el edificio.

7) Una señora me (dar   ) unos caramelos en el autobús.

8) Un intérprete nos (traducir   ) el comentario del presidente.

2 下線部に注意しながら、カッコの中の動詞を直説法点過去か直説法現在完了の適切な形に活用しましょう。

1) Esta mañana (ocurrir   ) un terremoto en el norte de Japón.

2) El viajero (irse   ) de este pueblo hace unos días.

3) Sara (hacer   ) estas fotos en La Alhambra este año.

4) Ellos (casarse   ) el año pasado.

5) Mario (traer   ) un vino tinto de Rioja a la fiesta de anoche.

6) Hoy (ver   ) a muchas personas y estoy muy cansado.

7) Yo no (dormir   ) bien últimamente.

8) Mi hermana (ir   ) al dentista ayer por la tarde.

3 日本語に合うように、カッコの中に適切な語を入れましょう。

1) (   ) cinco meses (   ) (   ) en Kobe.

　　彼らは 5 ヶ月前から神戸で働いています。

2) (   ) diez años (   ) (   ) (   ) este rascacielos.

　　この高層ビルが建設されて 10 年になります。

3) ¿Qué tiempo (　　　　) (　　　　) hoy en Tokio?

— (　　　) (　　　　) un poco por la mañana, pero por la tarde, (　　　　)

(　　　) buen tiempo.

今日の東京の天気はどうだった？ − 午前中は少し雨が降ったけど、午後は良い天気
だったよ。

4 スペイン語に訳しましょう。

1) 私は先日、アリカンテへ行くために 5 時間運転したよ。

2) 僕たちがスペイン語を勉強し始めてから 20 年になる。

3) その飛行機事故では、たくさんの人が亡くなった。

4) マドリードは、昨日の天気はどうだったの？ − 雨がたくさん降ったよ。

5) 私たちは先日、ネットでそのチケットを買おうとしたんだけど、買えなかった。

(intentar＋不定詞)

6) 私は彼に助言を与えたのですが、聞いてくれなかったんです。

¡Vamos a hablar!

以下は昨日 **Juan** がしたことをリストにしたものです。ペアになり、1 人は
(A) を、もう 1 人は **(B)** を見ながら、相手に質問して空欄を埋めましょう。

(例) ¿Qué hizo Juan ayer a las ocho? — A las ocho, se levantó.

(A)

8:00	levantarse
8:15	_____
8:30	_____
9:00	jugar al fútbol con sus amigos
15:00	ir al supermercado
16:00	_____

(B)

8:00	_____
8:15	limpiarse los dientes
8:30	desayunar
9:00	_____
15:00	_____
16:00	llegar a casa

1 **直説法線過去（直説法未完了過去）**

1. 規則活用

hablar		comer		vivir	
hablaba	hablábamos	comía	comíamos	vivía	vivíamos
hablabas	hablabais	comías	comíais	vivías	vivíais
hablaba	hablaban	comía	comían	vivía	vivían

2. 不規則活用

直説法線過去の不規則動詞は以下の 3 つだけです。

ser		ir		ver	
era	éramos	iba	íbamos	veía	veíamos
eras	erais	ibas	ibais	veías	veíais
era	eran	iba	iban	veía	veían

3. 直説法線過去の用法　🔊 1-66

(i) 過去のある時点において主語が「どういう状態だったか」「何をしていたか」をあらわします。

Cuando ocurrió el terremoto, José estaba en un tren.
En 2003, era estudiante y vivía en Salamanca.
Entonces Diego llevaba una camiseta blanca.

(ii) 過去の習慣をあらわします。

Cuando éramos jóvenes, íbamos al centro todos los sábados.
De pequeño, llegaba muy temprano a la escuela y jugaba al fútbol.

(iii) 婉曲表現（遠回し表現）に用いられます。

Quería ver a la profesora Domínguez.
¿Qué deseaban ustedes?

2 点過去と線過去の使い分け 🔊 1-67

点過去と線過去の使い分けは初学者には理解しにくい項目の 1 つですが、現段階では以下の基準で理解しておきましょう。

● 点過去は状態や行為について、それらが終了したことを明示します。おおむね、「〜した」という日本語に対応します。

● 線過去は過去のある時点で主語が「どういう状態だったか」「何をしていたか」をあらわします。点過去と異なり、その状態や行為が終了したか否かは表現されません（実際に終了したかどうかは無関係）。おおむね、「〜していた」という日本語に対応します。

> Juan estuvo enfermo.（← 現在は病気ではない）
> Juan estaba enfermo.（← 現在も病気である可能性がある）

● 状態や行為が継続した時間の長短は、点過去・線過去の区別とは関係ありません。

● 状態や行為が継続した時間が明示されている場合は点過去が用いられます。

> ○ Estuve <u>tres horas</u> en la biblioteca.
> × Estaba <u>tres horas</u> en la biblioteca.

一部注意の必要な動詞があります。

(i) Mi hermano <u>vivió</u> dos años en Chile.（私の兄は 2 年間、チリに<u>住んでいた</u>）

　→ この文は「〜ていた」と訳すことが可能ですが、点過去が使用されています。このスペイン語文のニュアンスは、実際には「チリに 2 年間住んだ」とか「チリで 2 年間暮らした」に近いと考えると良いでしょう。

(ii) <u>Hubo</u> un accidente en esta calle.（この通りで事故が<u>あった</u>）

　→ 動詞 **haber** を使って出来事、イベントなどが「あった」ことを表現する場合は点過去が用いられます。

3   直説法過去完了

1. 活用

haber の直説法線過去   過去分詞

había	habíamos		hablado
habías	habíais	+	comido
había	habían		vivido

2. 用法   🔊 1-68

  (i)   過去のある時点においてすでに完了していた行為や状態をあらわします。

      Cuando llegué al aeropuerto, el avión ya había salido.

      Antes de entrar en el instituto, ya nos habíamos conocido.

  (ii)   過去のある時点より前の経験や継続をあらわします。

      Antes de ir a Segovia, nunca habíamos probado cochinillo.

      No se perdieron en el camino porque habían estado varias veces en la zona.

4   過去進行形   🔊 1-69

estar の線過去 ＋ 現在分詞で過去進行形になります。

Cuando vino mi sobrino, yo estaba limpiando la habitación.

¿Qué estabais haciendo cuando se produjo el apagón anoche?

5   -mente 副詞   🔊 1-70

形容詞の女性形に **-mente** をつけると副詞になります。発音する際は、元の形容詞で強勢のある音節と、**-mente** の下線部の2箇所を強く発音します。

      lento → lentamente   amable → amablemente

      Los niños caminaron lentamente.

      Afortunadamente, pudimos conseguir entradas.

-mente 副詞を複数並べる場合は、最後の要素にだけ **-mente** をつけ、残りは形容詞の女性形で置きます。

El estudiante expuso su opinión clara y detalladamente.

6 数字 101-100 000 000 🔊 1-71

101 ciento uno	600 seiscientos	10 000 diez mil
120 ciento veinte	700 setecientos	100 000 cien mil
200 doscientos	800 ochocientos	1 000 000 un millón
300 trescientos	900 novecientos	2 000 000 dos millones
400 cuatrocientos	1000 mil	10 000 000 diez millones
500 quinientos	2000 dos mil	100 000 000 cien millones

1989 mil novecientos ochenta y nueve   2020 dos mil veinte

- **cien** のあとに数字が続く場合、**ciento** となります。
- 200〜900 には性変化があります。

  200 hombres (doscientos hombres)   200 mujeres (doscientas mujeres)
- **mil** は複数形になりません。ただし、**miles de** … (何千もの〜)という表現の場合のみ例外です。   Había miles de personas.
- **millón** および **millones** の後に名詞が続く場合、前置詞 de が必要です。

  un millón de yenes   diez millones de habitantes

Diálogo 🔊 1-72

(Paseando por la ciudad)

Luis : Cuando era niño, vivía en esta zona, y a veces paseaba por aquí con mis padres.

Yuki : Ah, ¿sí? ¿No ha cambiado mucho?

Luis : Pues, la verdad es que sí. No me acuerdo bien, pero creo que ahí en esa esquina había un bar, y al lado, una panadería… ¡Ah!, pero, esta peluquería, ¡sí que estaba aquí! ¡Vine a cortarme el pelo algunas veces! Luego, enfrente de la peluquería…

Yuki : El tiempo pasa volando…

9 Ejercicios

1 カッコの中の動詞を直説法線過去に活用させましょう。

1) De pequeña, mi hija (tener   ) miedo a los perros.

2) Hace quince años, (ser   ) difícil encontrar trabajo.

3) (querer   ) pedirte un favor. (主語は yo)

4) Cuando (ver   ) una película, sonó el teléfono. (主語は ella)

5) Antes (tocar   ) el piano todos los días. (主語は nosotros)

2 カッコの中の動詞を直説法点過去と直説法線過去のいずれか適切な形に活用させましょう。

1) Cuando (ser   ) jóvenes, nosotros (levantarse   ) muy temprano.

2) El otro día, (conocer   ) a ese arquitecto. (主語は ella)

3) Cuando (ocurrir   ) el terremoto, (estar   ) en el baño.
(estar の主語は nosotros)

4) (hacer   ) estas fotos cuando (viajar   ) por Europa el mes pasado.
(いずれも主語は yo)

5) Nosotros (querer   ) ver al jefe, pero no (poder   ).

3 カッコの中に適切な数字をスペイン語で書き入れましょう。わからないものはインターネット等で調べましょう。

1) Yo nací en (   ). (自分の生まれた年を入れましょう)

2) España tiene una población de aproximadamente (   ).

3) Japón tiene una población de aproximadamente (   ).

4) Costa Rica tiene una superficie de aproximadamente (   ) kilómetros cuadrados.

4 ▶ カッコの中の動詞を<u>直説法点過去、直説法線過去、直説法過去完了</u>のいずれか適切な形に活用しましょう。

El año pasado, yo (viajar   ) a EEUU por primera vez. (oír   ) que hay una zona de habla hispana y (querer   ) visitarla. Primero, (ir   ) a "El Barrio" en Nueva York. En inglés, esta zona se llama East Harlem. En las calles de allí, (haber   ) muchos letreros en español y (venderse   ) varias comidas latinoamericanas. El español de allí me (parecer   ) un poco distinto del de España. Pero (comunicarse   ) perfectamente y (ver   ) con mis propios ojos la amplitud de la zona hispanohablante.

5 ▶ スペイン語に訳しましょう。

1) 当時、我々はカンクンでのんびりと休暇を過ごしていました。

2) 数年前、このお寺で大きな火事がありました。

3) 子供の頃、私たちは両親と一緒にスーパーへ行くのが大好きだった。

4) 昨日僕が起きた時、スペイン語の授業はすでに終わっていました。

5) 私が家に着くと、父はパエリアを作っているところでした。（過去進行形で）

6) 我々は空港で彼を 2 時間以上待ったのだが、彼は来なかった。

¡Vamos a hablar!

ペアになって、今から 10 年前のことを話し合ってみましょう。

（例）Hace diez años, ¿qué hacías? — Era alumno de la escuela primaria.

何をしていたか
どこに住んでいたか
何歳だったか（¿Cuántos años...?）
何が好きだったか
仲の良い友達はなんという名前だったか(el/la mejor amigo/ga)

1 **関係詞** 🔊 1-73

関係詞は文中のある要素と、それを修飾する節 (関係節) をつなぐものです。
原則として、疑問詞からアクセント記号を除くと関係詞になります。
修飾を受ける要素を「先行詞」と呼びます。

1. 制限用法と非制限用法

制限用法（限定用法）

ある集団の中から、関係代名詞節で示された内容に該当するもののみを限定して取り出します。

Los estudiantes que terminaron el examen salieron del aula.
↑学生達のうち、教室を出たのは「試験が終わった学生達」のみ。

非制限用法（説明用法）

先行詞に関する補足的説明を加えます。関係詞の前に表記上はコンマ、発音上はポーズが入ります。

Los estudiantes, que terminaron el examen, salieron del aula.
↑学生達全員が試験を終え、教室を出た。

2. 関係代名詞

関係代名詞には以下の 5 種類があり、それぞれ使用条件が異なります。

(i) **que**　　　先行詞は人またはモノ
　　　　　　　制限用法または非制限用法

　Ella es la periodista que escribió este artículo.
　Este es el reloj que me regalaron en mi cumpleaños.
　Mañana me van a visitar Juana y Carlota, que son dos viejas amigas mías.

関係詞 **que** では、先行詞が直接目的語となる特定の人であっても前置詞 **a** は不要です。

　Los chicos que conocimos en Granada eran muy simpáticos.

(ii) 定冠詞 ＋ **que** 　　先行詞は人またはモノ　　 **1-74**
　　　　　　　　　　　　前置詞が先行する場合
　　　　　　　　　　　　定冠詞は先行詞と性数一致 (el que, la que, los que, las que)

La computadora con la que trabajo es muy rápida.

El tema del que habló el conferenciante fue muy interesante.

Hay unas cuestiones sobre las que vamos a discutir hoy.

前置詞が **a, con, de, en** の場合は定冠詞を省略できることがあります。

La computadora con que trabajo es muy rápida.

El tema de que habló el conferenciante fue muy interesante.

(iii) **quien, quienes** 　　先行詞は人のみ
　　　　　　　　　　　　前置詞とともに用いる場合または非制限用法
　　　　　　　　　　　　先行詞と数一致

La chica con quien sale Pablo es funcionaria.

El abogado a quien consultó mi hijo vive en Bogotá.

En su casa había un niño, quien siempre me enseñaba sus juguetes favoritos.

(iv) 定冠詞 ＋ **cual / cuales** 　　先行詞は人またはモノ
　　　　　　　　　　　　　　　定冠詞 ＋ **que** よりも頻度が低く、書き言葉等
　　　　　　　　　　　　　　　で使用
　　　　　　　　　　　　　　　定冠詞は先行詞と性数一致、**cual** は数一致
　　　　　　　　　　　　　　　cual に強勢を置いて発音

Tenemos aquí la tabla en la cual aparecen todos los datos necesarios.

Hay reglas según las cuales no se permite traer mascotas a este recinto.

(v) **lo que, lo cual**　　　先行詞は前文の内容　🔊 1-75
　　　　　　　　　　　　　　非制限用法
　　　　　　　　　　　　　　前置詞を伴うこともある。

David tuvo un accidente, lo que sorprendió a sus colegas.
Hay muchos miembros excelentes, lo cual significa que el futuro de nuestro equipo va a ser espléndido.
Varios tifones atacan estas islas cada año, por lo cual hay que tomar medidas.

3. 関係形容詞 **cuyo, cuya, cuyos, cuyas**

関係形容詞は名詞の前に置かれ、その名詞と性数一致します。
代表的なものは **cuyo** で、所有の意味を持ちます。主に文語で使用されます。

Se fundó una organización cuyo presidente es un escritor muy famoso.
El nuevo director de esta sección es un señor con cuya opinión estoy de acuerdo.

4. 関係副詞

関係節であらわされる行為や状況が生じる時、場所、様態をあらわすのに用いられます。

(i) **cuando**：時

Vino a Japón hace veinte años, cuando se casó con una chica japonesa.

(ii) **donde / adonde**：場所

Esta es la casa donde nació Cervantes. (=Esta es la casa en la que nació Cervantes.)
El bar adonde vamos siempre está enfrente de la estación de Atocha.

(iii) **como**：様態

Ustedes tienen que preparar los documentos de la manera como les he demostrado.

明示的な先行詞を持たず、関係詞節に先行詞の意味が組み込まれた用法を独立用法と呼びます。独立用法を持つのは以下の関係詞です。

(i) 定冠詞 ＋ **que**：「〜する人（たち）」「〜するもの」

Los que están aquí son mis queridos alumnos.

(ii) **quien**：「〜する人（たち）」

El examen no es muy difícil para quienes han estudiado.

(iii) **lo que**：「〜すること」

Me parece muy significativo lo que ha dicho el rector.

(iv) **cuando**：「〜する時に」

Cuando voy al extranjero, siempre envío una postal a mi familia.

(v) **donde** (adonde)：「〜する場所で (に)」

Tienes que devolver el coche donde lo alquilaste.

(vi) **como**：「〜する方法・様態で」

Vamos a preparar los documentos como queremos.

Diálogo 🔊 1-77

Luis ： Yuki, ¿conoces a la profesora Kimura?

Yuki ： No, ¿quién es?

Luis ： Es una profesora que da clases de
japonés en la Facultad de Filología, y
es autora de un libro de texto de japonés, que usamos muchos
estudiantes españoles.

Yuki ： ¡Ah, ya sé! Es quien organiza la fiesta de la cultura japonesa todos
los años, ¿verdad? Quiero conocerla.

Luis ： Entonces, ¿por qué no visitas su despacho, donde está ella casi
siempre?

1 ▶ カッコの中に適切な関係詞を入れましょう。複数の可能性が考えられる場合もあります。

1) Este es el chico con (　　　　　　) se casó Pilar.

2) El chocolate (　　　　　　) se sirve en esta chocolatería es muy bueno.

3) La escuela (　　　　　　) estudiamos está cerca de aquí.

4) Esta es la carpeta en (　　　　　　) tengo todos los materiales para la clase.

5) (　　　　　　) está hablando con la señora Pérez es mi hermano.

6) (　　　　　　) no entiendo es por qué suspendió este estudiante.

7) En el año 2000, (　　　　　　) entramos en la universidad, conocimos a ese profesor.

8) Esa es la política de (　　　　　　) te hablé el otro día.

9) Han fundado esta asociación, (　　　　　　) objetivo es ayudar a la gente pobre.

10) El médico (　　　　　　) se encarga de la operación es muy simpático.

11) No tenemos muchos fondos, por (　　　　　　) es difícil emplear más personas.

12) La oficina de correos en (　　　　　　) trabaja mi primo es muy grande.

13) Nosotros vamos a hacer la compra en un centro comercial, (　　　　　　) está a cinco kilómetros de aquí.

14) Tenemos que clasificar la basura (　　　　　　) nos explicaron.

15) Ahí está el señor (　　　　　　) nos ayudó en la investigación.

2 ▶ 次の2つの文を、関係詞を用いて1つの文にしましょう。

1) Aquí está el quiosco. He comprado estas postales en el quiosco.

2) Anoche leí una novela. Había comprado la novela la semana pasada.

3) Mi padre sale temprano de casa. Mi padre trabaja en un mercado.

4) El tema me pareció interesante. Se habló mucho del tema en la televisión ayer.

3 次の文に間違いがあれば訂正しましょう。

1) El museo donde visitamos ayer fue impresionante.

2) Ella es la secretaria quien nos va a explicar todo.

3) Esta es el aula en el que tenemos las clases de chino.

4) No entendí lo que nos dijo el profesor.

4 スペイン語に訳しましょう。

1) 遠足に参加したい人は、ここで申し込みができます。

2) これは僕がいつもサッカーをしている公園です。

3) それはその音楽家がいつも使っていたギターです。

4) 私はアンデス諸国 (los países andinos) の伝統料理であるアンティクーチョ (anticucho) が大好きです。

5) アルゼンチンにはマテ茶が好きな人がたくさんいます。

6) 彼は両親にプレゼントをし、そのことが両親を喜ばせました。

¡Vamos a hablar!

好きな有名人（タレント、俳優、歌手、作家、スポーツ選手など）を数名挙げ、ペアまたはグループのメンバーに、その人がどんな人かを関係詞を使って説明してみましょう。

(例) A mí me gusta Michael Jackson. Es un cantante estadounidense que cantó muchas canciones muy famosas como *Thriller*, *Bad*, *Heal the world*, etc. y que murió en 2009.

Lección 11 El autobús es más barato que el tren.

1 比較級 🔊 1-78

1. 形容詞・副詞の比較級

(i) 優等比較・劣等比較：「～よりも...である」

$$\boxed{主語} + \boxed{動詞} + \boxed{形容詞 / 副詞の比較級} + \mathbf{que} + \boxed{比較対象}$$

Pedro es más alto que Federico.

Mi maleta es más pesada que la suya.

Llegué al aeropuerto más temprano que Elena.

Este alumno es menos trabajador que ese.

↑実際には同等比較の否定であらわされることが多い。

¡Ojo!

比較対象との差異を強調する場合は、比較表現の直前に **mucho** を置きます。

Mi maleta es mucho más pesada que la suya.

不規則な比較級

＜形容詞＞ 修飾する名詞に数一致します。

bueno → mejor	malo → peor
mucho → más	poco → menos
grande → mayor	pequeño → menor

＜副詞＞

bien → mejor	mal → peor
mucho → más	poco → menos

¿Este vino es mejor que ese? — Yo no lo creo.

Este cocinero cocina mucho mejor que ese.

Ese médico es mayor que mi padre.

mayor, menor は年齢および抽象的なものの大小に使用され、人やものの物理的な大小を比較する場合には **más grande, más pequeño** が用いられます。

Tu coche es más grande que el mío.

以下の場合は、比較対象が **que** ではなく **de** によって導かれます。

• 比較対象が数値である場合

Se necesitan más de 2 personas para pedir paella en este restaurante.

• 比較対象が抽象的内容である場合

Ha tardado más de lo que imaginaba.

(ii) 同等比較：「〜と同じくらい...である」

主語 ＋ 動詞 ＋ **tan** ＋ 形容詞 / 副詞 ＋ **como** ＋ 比較対象

El jamón ibérico es tan delicioso como el cebiche.
Este alumno no es tan trabajador como ese.
Ese futbolista corre tan rápido [rápidamente] como este.

mucho の同等比較級は **tanto** です。

A mí me gusta la música clásica tanto como la música jazz.

2 最上級 🔊 1-79

1. 形容詞の最上級

主語 ＋ **ser** ＋ 定冠詞 / 所有詞 ＋ 形容詞 / 副詞の比較級 ＋ **de** ＋ 対象範囲

「〜の中で」

Juan es el más inteligente de esta clase.
Dicen que la Plaza Mayor de Salamanca es la más bonita de toda España.

Lección 11 El autobús es más barato que el tren.

¡Ojo!

🔊 1-80

定冠詞 / 所有詞 の後に名詞が割り込む場合があります。

Juan es el estudiante más inteligente de esta clase.

2. 副詞の最上級

副詞の最上級は、関係詞の独立用法を使って表現します。

Mi hermano es el que sale más temprano de toda mi familia.
Esta canción es la que me gusta más.

比較表現が関係節内の最初に置かれることがあります。

Esta canción es la que más me gusta.
Miguel es el que mejor canta de todos nosotros.

3. 関係詞の独立用法を用いずに最上級を表現する方法として以下のものがあります。

Ese taxista conduce mejor que nadie.
Para mí, la Casa Batlló es más bonita que cualquier otro edificio de Barcelona.

3 関係詞を用いた強調構文　🔊 1-81

関係詞の独立用法と動詞 **ser** を組み合わせて、文内の要素を強調できます。

Es esta revista la que te recomiendo leer. (←Te recomiendo leer esta revista.)
Es Jaime quien [または el que] me trajo este regalo. (←Jaime me trajo este regalo.)
Es a Mónica a quien [または a la que] le voy a enviar esta carta.
(↑Voy a enviarle esta carta a Mónica.)
Fue en la estación de Osaka donde [または en la que] vi a ese futbolista.
(↑Vi a ese futbolista en la estación de Osaka.)
Fue hace dos años cuando ocurrió el accidente. (←Ocurrió el accidente hace dos años.)

68

4 使役・放任・知覚の表現 🔊 1-82

1. 使役の表現(〜させる)：**hacer** ＋ 不定詞

Me hicieron caminar varias horas bajo la lluvia.
Tu voz me hace recordar a mi madre.

2. 放任の表現(〜のままにする)：**dejar** ＋ 不定詞 / 現在分詞 / 過去分詞

Le he dejado usar mi ordenador.
La madre dejó a su hijo jugando con un cochecito.
Voy a dejar abierta la ventana porque hace calor.

3. 知覚の表現(〜するのを見る・聞く)：**ver** / **oír** ＋ 不定詞 / 現在分詞 / 過去分詞

Oí cantar a los niños en el jardín.
Vimos a unos camareros trabajando en la terraza.
Te veo muy cansado.

Diálogo 🔊 1-83

Luis : He oído que vas a ir a Salamanca este fin de semana. ¿Cómo vas a ir?

Yuki : Todavía lo estoy pensando. Parece que el autobús es más barato que el tren, pero el tren es más rápido. Los dos tienen ventajas.

Luis : A mí, personalmente, me gusta más el tren que el autobús, porque la estación de Chamartín, de donde salen los trenes para Salamanca, se sitúa en el centro de la ciudad, mientras que la estación de autobuses está más lejos. Así que, en mi opinión, el autobús no es tan conveniente como el tren en este sentido. ¡Ah!, pero los asientos de los autobuses son muy cómodos.

Yuki : Hmm…, eso me hace dudar todavía más…

1 ▶ カッコの中の要素を比較対象にして優等比較の文に書き換えましょう。

1) Ese problema es complicado. (estos)

2) Mi móvil es rápido. (ese)

3) Él habla inglés bien. (yo)

4) Estos diccionarios son buenos. (esos)

5) En ese país hay muchos monumentos. (en Japón)

2 ▶ カッコの中の要素を比較対象にして同等比較の文に書き換えましょう。

1) Juana es amable. (Felipe)

2) Esta tarea no es fácil. (esa)

3) Esta niña se porta bien. (mi hijo)

4) Me gusta mucho el arroz negro. (la paella)

5) En esa biblioteca no hay muchas novelas latinoamericanas. (en esta)

3 ▶ カッコの中の要素を対象範囲として、最上級の文を作りましょう。

1) El examen del profesor Sánchez fue difícil. (todos)

2) Este es un empleado joven. (nuestra empresa)

3) Mi hermano llega tarde a casa. (toda la familia)

4) Carlos iba frecuentemente a ese bar. (todos nosotros)

4 ▶ 下線部を強調する強調構文を作りましょう。

1) Han traído estos pasteles esta mañana.

2) El doctor inventó este sistema en 1970.

3) Ellos se conocieron en este bar.

4) Voy a viajar por Andalucía con Yuki.

5) Se aprende haciendo preguntas.

5 スペイン語に訳しましょう。

1) 彼のスーツケースは僕のよりはるかに重い。

2) その先生は、誰よりも早く大学に到着します。

3) このドラマ (serie) は、去年見たものと同じくらい面白い。

4) 僕の家に一番近いのはこのスーパーです。

5) この歌は僕に子供の頃 (mi niñez) を思い出させる。

6) 先日、その学生がレストランで働いているところを見ました。

¡Vamos a hablar!

あなたは友人と晩ご飯を食べに行くお店を探していて、以下の2店まで絞り込みました。
お店のデータを見ながら、「こちらの方が安い」「こちらの方が新しい」「こちらの方が大きい」などのやりとりをしてみましょう。

(例) Prefiero el restaurante París porque es más barato que el restaurante Roma.

Restaurante Roma

Precio medio	40 euros
Superficie	25 m²
Ubicación	A 15 minutos a pie de la estación de Atocha
Año de apertura	2017

Restaurante París

Precio medio	35 euros
Superficie	60 m²
Ubicación	A 5 minutos en coche desde la estación de Atocha
Año de apertura	1980

1 不定語と否定語　🔊 2-01

1. 不定語

  (i)　**algo**：「何か」

     Parece que hay algo debajo de la mesa.
     ¿Necesitáis algo para la fiesta de hoy?

  (ii)　**alguien**：「誰か」

     ¿Ha venido alguien esta mañana?
     Anoche había alguien detrás de usted...

  (iii)　**alguno**：「（ある範囲の中の）いずれか（の）、いくつか（の）、何人か（の）」
     代名詞の場合と形容詞の場合があり、それぞれ指示対象、修飾する名詞に性
     数一致します。また形容詞の場合、男性単数名詞が後続するなら **algún** にな
     ります。

     Algunas de estas estudiantes son de Puerto Rico.
     Conozco a algunas chicas en la Facultad de Ciencias.
     ¿Tienes algún problema?

¡Ojo!

alguien が他動詞の直接目的語になる場合は、前置詞 **a** がつきます。

  El otro día, ¿usted vio a alguien allí?

alguno を否定表現の後で用いると「まったく〜ない」の意味になります。

  Vosotros no tenéis culpa alguna.

2. 否定語　🔊 2-02

否定語は通常、副詞 **no** とともに使います。ただし、否定語が動詞よりも前に
ある場合は、**no** はつけません。

(i) **nada**：「何も〜ない」

¿Necesitas algo? — No, no necesito nada.
No he comprado nada en esa tienda.

(ii) **nadie**：「誰も〜ない」

¿Había alguien en el aula? — No, no había nadie.
Nadie sabe qué le pasó después de irse a Guatemala.

(iii) **ninguno**：「（ある範囲の中の）いずれも〜ない、誰も〜ない」

代名詞の場合と形容詞の場合があり、それぞれ指示対象、修飾する名詞に
性一致し、原則として単数形で使用します。また形容詞の場合、男性単数
名詞が後続するなら **ningún** になります。

No me gusta ninguna de estas chaquetas.
(=Ninguna de estas chaquetas me gusta.)

Ninguno había traído sacacorchos, así que no pudimos abrir la botella.

¿Hay algún problema? — No, no hay ningún problema.

2 受身文　🔊 2-03

1. se＋3人称（→第7課）

主語は動詞に後置されることが多い。
主語はモノのみ
行為者（「〜によって」）を表現できない。

Se venden diferentes productos extranjeros en esta tienda.
Este año, se han publicado unas obras importantes sobre la filosofía
latinoamericana.

🔊 **2-04**

2. ser ＋ 過去分詞

過去分詞は主語と性数一致
por ～で行為者をあらわすことができる。
頻度はそれほど高くなく、主に書き言葉等で使用

Este documento fue preparado por los empleados de esta institución.
Los ladrones han sido detenidos por una policía.

3. estar ＋ 過去分詞

過去分詞は主語と性数一致
行為や出来事が起こった後の結果状態をあらわす。

La ventana está abierta.
Este jersey está hecho a mano.

3 **定冠詞の代名詞的用法** 🔊 **2-05**

通常、定冠詞には名詞が後続しますが、その名詞が文脈からすでに分かっている場合には名詞を置かず、定冠詞に形容詞や前置詞句を直接続けることができます。これを定冠詞の代名詞的用法と呼びます。前置詞句が続く場合は **de** に導かれる場合のみ可能です。

¿Has traído el coche grande? — No, he traído el pequeño.
Mi habitación no es muy grande, pero la de Raquel, sí.

4 **序数** 🔊 **2-06**

「～番目の」「第～の」という意味をあらわします。

1 primero	2 segundo	3 tercero	4 cuarto	5 quinto
6 sexto	7 séptimo	8 octavo	9 noveno	10 décimo

1. 序数には性数変化があります。

el segundo piso   la tercera planta   los primeros días

2. primero と **tercero** は男性単数名詞の前で **primer, tercer** になります。

el primer año　　　su tercer disco

3. 序数は 10 までしか使わないことが多く、特に王の名前や世紀の場合、11 番目以上は基数詞を使用するのが普通です。

Felipe VI (sexto)　　　Alfonso XII (doce)　　　El siglo XIII (trece)
El siglo XXI (veintiuno)

5 縮小辞　🔊 2-07

名詞等に付加し、「小さい、かわいらしい」といったニュアンスを加えます。

pajarito　　　gatita　　　Juanito　　　despacito　　　un poquito

縮小辞がつくことによって、単にニュアンスを与えるだけでなく特定の意味に変化するものがあります。

ventana → ventanilla　　　bolso → bolsillo　　　coche → cochecito

Diálogo 🔊 2-08

(En la clase de historia del arte español)

Profesor : […] Así que* Las Meninas fue pintado por Velázquez en el siglo XVII y actualmente, está expuesto en el Museo del Prado. ¿Alguien ha estado allí? […] ¿Nadie ha estado? Bueno, os lo recomiendo. Es uno de los mejores museos de bellas artes del mundo. Las Meninas está en la primera planta.

Yuki : Yo, nunca he estado en el Museo del Prado, pero hace unos años trajeron algunas de sus obras a Japón y fui a verlas. Y la verdad es que me encantaron.

Profesor : Me alegro. En el museo, puedes apreciar muchas más obras preciosas.

* así que: ここでは「ということで」の意味。
ちなみに así que は「だから」という意味で
用いられることの方が多いので覚えておきましょう。
(例) Ya es tarde, así que me voy.
　　（もう遅いから帰るよ）

1 カッコの中に適切な不定語または否定語を入れましょう。

1) Parece que me ha llamado (　　　　　) esta tarde.

2) ¿Quieres tomar (　　　　　)? — No, no quiero tomar (　　　　), gracias.

3) ¿Ha venido (　　　　) hoy? — No, (　　　　) ha venido.

4) No hay (　　　　) problema.

5) Si hay (　　　　) oportunidad, quiero visitar Perú.

6) ¿Has leído (　　　　) obras suyas?

7) (　　　　) de estos chicos va a ir al extranjero. (「行かない」という意味)

8) En la entrevista, me preguntaron (　　　　) cosas sobre mi carrera.

2 カッコに適切な語を記入し、受身文を完成させましょう。

1) Aquí (　　　　) (　　　　) motos japonesas.
ここでは日本のバイクが売られている。

2) Estos templos (　　　　) (　　　　) por un monje muy famoso.
これらの寺はとても有名な僧侶によって建立（建設）された。

3) El chalet (　　　　) (　　　　) (　　　　) bosque.
別荘は森に囲まれている。

4) Los autores del crimen (　　　　) (　　　　) (　　　　) esta semana.
犯人たちは今週逮捕された。

5) (　　　　) (　　　　) bicicletas delante de la estación.
駅前で自転車がレンタルされている。

3 次の文に間違いがあれば訂正しましょう。

1) Algunos de esas estudiantes viven lejos de la universidad.

2) Nadie entró en esta sala ayer.

3) La princesa ha sido invitado a la fiesta.

4) El ministro se asesinó hace un mes.

4 スペイン語に訳しましょう。

1) この建物の 6 階には誰も住んでいません。

2) ペドレラ (la Pedrera) はガウディによってデザインされました。

3) その女子学生のうちの何人かは、この夏にフランスへ行く予定です。

4) そこには誰かいた？ － いや、誰もいなかったよ。

5) その店ではさまざまな雑誌が売られている。

6) (私は) 闘牛を見に行くのは初めてです。(es la primera vez que 〜)

¡Vamos a hablar!

以下の作品が誰によって制作・執筆されたものかを調べ、「〜は○○によって制作・執筆されました」と受身の形で言ってみましょう。また、その人がどこの国の人かも調べましょう。(使う動詞：diseñar, construir, pintar, escribir など)
(例) Don Quijote fue escrito por Miguel de Cervantes. Es de España.

＜建築物・芸術作品＞
Palau de la Música Catalana
（カタルーニャ音楽堂 [男性名詞]）
Guernica （ゲルニカ）

＜小説＞
Cien años de soledad （『百年の孤独』）
La casa verde （『緑の家』）
La colmena （『蜂の巣』）

Palau de la Música Catalana (Barcelona)

13 Lección 13 ¿Os gustaría ir a un restaurante japonés?

1 直説法未来

1. 規則活用

hablar		comer		vivir	
hablaré	hablaremos	comeré	comeremos	viviré	viviremos
hablarás	hablaréis	comerás	comeréis	vivirás	viviréis
hablará	hablarán	comerá	comerán	vivirá	vivirán

2. 不規則活用

saber		tener	
sabré	sabremos	tendré	tendremos
sabrás	sabréis	tendrás	tendréis
sabrá	sabrán	tendrá	tendrán

haber poder querer   poner salir venir

decir		hacer	
diré	diremos	haré	haremos
dirás	diréis	harás	haréis
dirá	dirán	hará	harán

3. ＜用法＞   🔊 2-09

(i) 発話時から見た未来の行為や状態をあらわします。

El profesor García publicará un libro el mes que viene.
No podré asistir a la reunión porque tengo gripe.

(ii) 現在の推測をあらわします。

Los trabajadores de esta fábrica estarán muy ocupados ahora.
¿Qué hora es? — Serán las diez y pico.
¿Dónde estará Inés actualmente? — Yo no lo sé. Lo sabrá José María.

2 直説法過去未来

1. 規則活用

hablar		comer		vivir	
hablaría	hablaríamos	comería	comeríamos	viviría	viviríamos
hablarías	hablaríais	comerías	comeríais	vivirías	viviríais
hablaría	hablarían	comería	comerían	viviría	vivirían

2. 不規則活用

saber		tener	
sabría	sabríamos	tendría	tendríamos
sabrías	sabríais	tendrías	tendríais
sabría	sabrían	tendría	tendrían

haber poder querer   poner salir venir

decir		hacer	
diría	diríamos	haría	haríamos
dirías	diríais	harías	haríais
diría	dirían	haría	harían

3. ＜用法＞　🔊 2-10

(i) 過去の一時点から見た未来の行為や状態をあらわします。

Creía que terminaría la tarea antes de las dos de la madrugada.
Me dijiste que llegarías un poco tarde, ¿no?
Nos dijeron que podrían enviarnos un folleto.

(ii) 過去の推測をあらわします。

Cuando jugaron en la Copa Mundial, los jugadores estarían muy nerviosos, ¿no?
¿Qué hora era entonces? — Serían las tres y media aproximadamente.

3. 婉曲（遠回し表現）をあらわします。

> Me gustaría reservar una mesa para esta noche.
> ¿Podría usted explicarme un poco sobre el curso de verano?

4. 反事実条件文・反事実譲歩文の帰結節で用いられます。→第 17 課

3 直説法未来完了

haber の直説法未来		過去分詞
habré	**habremos**	**hablado**
habrás	**habréis**	+ **comido**
habrá	**habrán**	**vivido**

＜用法＞ 🔊 2-11

1. 未来のある時点までに完了する行為や出来事をあらわします。
（未来の一時点で「すでに〜しているだろう」）

> A esa hora, ya habremos salido del trabajo.
> Dentro de 100 años, ya se habrán inventado coches que se mueven automáticamente.

2. 現在完了の推測をあらわします（今の時点で「すでに〜しているだろう」）。

> El avión ya habrá llegado al aeropuerto.
> Mis tíos habrán estado unas tres o cuatro veces en China.

4 直説法過去未来完了

haber の直説法過去未来　　　　過去分詞

habría	habríamos
habrías	habríais
habría	habrían

+

hablado

comido

vivido

＜用法＞　🔊 2-12

1. 過去の一時点から見た未来にすでに完了している行為や出来事をあらわします。

Creíamos que habríamos terminado de leer esta novela para ayer.

Manuel me comentó que, antes de las seis de la tarde, ya habría vuelto a casa.

2. 過去完了の推測をあらわします。(過去の一時点で「すでに～していただろう」)

Supongo que, a esas horas, ya habría salido el último tren.

Al ver a la policía, pensé que habría ocurrido algún accidente.

5 感嘆文　🔊 2-13

疑問詞を用いて感嘆文を作ることができます。

¡Qué bien canta esta cantante!

¡Qué interesante ha sido la conversación con ellos!

¡Qué problema tan complicado!

¡Cuánta gente hay en el estadio!

Diálogo　🔊 2-14

(Han quedado Yuki, Luis y María en la Plaza, pero aún no ha llegado María.)

Luis : Hola, Yuki. ¡Qué puntual eres! ¿No estás con María?

Yuki : He recibido un mensaje de ella. Dice que llegará un poco tarde, pero supongo que ya estará cerca y llegará dentro de poco.

Luis : Vale. Y, ¿dónde vamos a cenar? A estas horas, el bar de siempre ya estará lleno.

Yuki : ¿Os gustaría ir a un restaurante japonés? Conozco uno muy bueno y barato.

Luis : ¡Buena idea! Seguro que le interesará a María también.

1 ► カッコの中の動詞を直説法未来形に活用しましょう。

1) ¿A qué hora (terminar   ) esta reunión? — No tengo ni idea...

2) Profesor, ¿(estar   ) usted en el despacho esta tarde?

3) En la boda, la novia (ponerse   ) un vestido rojo.

4) Este domingo (hacer   ) buen tiempo.

5) ¿Qué (decir   ) los ministros sobre esta propuesta?

2 ► カッコの中の動詞を直説法過去未来形に活用しましょう。

1) En ese tiempo, ella no (saber   ) inglés.

2) (ser   ) las ocho de la mañana cuando terminé la tesina.

3) Me dijeron que (ellos) (salir   ) de casa cuanto antes.

4) ¿(poder   ) enviarme la información sobre el evento? (主語は tú)

5) Me (gustar   ) ser intérprete en el futuro.

3 ► カッコの中の動詞を直説法未来完了または直説法過去未来完了に活用しましょう。

1) La semana que viene, estos chicos (empezar   ) ya a trabajar en esa compañía.

2) El próximo martes, la escritora ya (enviar   ) el borrador a la editorial.

3) Antonio ya (hablar   ) con ella antes de verme a mí ayer.

4) En aquel momento, ellos ya (volver   ) del viaje.

4 ► 感嘆文に書き換えましょう。

(例) El cuadro es bonito. → ¡Qué bonito es el cuadro! / ¡Qué cuadro tan bonito!

1) Este futbolista juega bien.

2) La librería es grande.

3) El abrigo es chulo.

4) El señor se levanta temprano.

5 スペイン語に訳しましょう。

1) 彼らはもう晩ご飯を食べたかな？ ― 今食べているところでしょう。

2) 今週末、いとこたちが私に会いにくるだろう。

3) 当時彼は、あまりお金を持っていなかっただろうなぁ。

4) 窓を閉めていただけますか。

5) 昨日僕達が彼女に会った時、すでにチケットを入手していたんだろうか。

6) このガスパチョ (gazpacho) はなんておいしいんだ！

¡Vamos a hablar!

10 年後の未来を想像して、クラスメイトと会話してみましょう。

(例)　¿Qué estaremos haciendo dentro de 10 años?
　　　— Yo estaré trabajando en el extranjero.

＜話題の例＞
どこに住んでいるか
何をしているか
車を持っているか
スペイン語が話せるか
趣味は何か (¿Cuál será tu afición?) など

Lección 14 Me alegro de que estés más tiempo con nosotros.

1 スペイン語の法

スペイン語には直説法、接続法、命令法という 3 つの「法（叙法）」があります。ここまでに見てきたものは、すべて直説法で、この課からは接続法と命令法を扱いますが、特に接続法はスペイン語初級文法の最後の砦と言っても良いでしょう。現段階では「接続法そのものが何を意味するか」については気にせず、以下に紹介する「どういう状況・条件において接続法が使われるか」を 1 つ 1 つ覚えてしまうのが近道です。

2 接続法現在の活用

1. 規則活用

hablar		comer		vivir	
hable	hablemos	coma	comamos	viva	vivamos
hables	habléis	comas	comáis	vivas	viváis
hable	hablen	coma	coman	viva	vivan

-car, -gar, -ger などで終わる動詞は正書法上の注意が必要です。

tocar		llegar		coger	
toque	toquemos	llegue	lleguemos	coja	cojamos
toques	toquéis	llegues	lleguéis	cojas	cojáis
toque	toquen	llegue	lleguen	coja	cojan

2. 語幹母音変化動詞

(i) **-ar** 動詞と **-er** 動詞：直説法現在の場合と同じ語幹母音変化をします。

pensar		volver	
piense	pensemos	vuelva	volvamos
pienses	penséis	vuelvas	volváis
piense	piensen	vuelva	vuelvan

(ii) **-ir** 動詞：直説法現在の場合の語幹母音変化に加え、1 人称複数と 2 人称複数で **e→i** または **o→u** となります。

sentir		dormir		pedir	
sienta	sintamos	duerma	durmamos	pida	pidamos
sientas	sintáis	duermas	durmáis	pidas	pidáis
sienta	sientan	duerma	duerman	pida	pidan

3. 不規則活用

(i) 直説法現在の 1 人称単数の語幹に、**-ar** 動詞、**-er** 動詞、**-ir** 動詞それぞれの規則活用の語尾を付加します。

hacer		venir		oír	
haga	hagamos	venga	vengamos	oiga	oigamos
hagas	hagáis	vengas	vengáis	oigas	oigáis
haga	hagan	venga	vengan	oiga	oigan

conocer		ver		huir	
conozca	conozcamos	vea	veamos	huya	huyamos
conozcas	conozcáis	veas	veáis	huyas	huyáis
conozca	conozcan	vea	vean	huya	huyan

(ii) 完全不規則動詞

ser		estar		saber	
sea	seamos	esté	estemos	sepa	sepamos
seas	seáis	estés	estéis	sepas	sepáis
sea	sean	esté	estén	sepa	sepan

ir		dar		haber	
vaya	vayamos	dé	demos	haya	hayamos
vayas	vayáis	des	deis	hayas	hayáis
vaya	vayan	dé	den	haya	hayan

3 名詞節における接続法 1 🔊 2-15

名詞節の構文は基本的に以下のような構造になっています。

X（主節）	**que**	Y（従属節）

X（主節）に、以下に挙げるような意味を持つ動詞（述部）が来ている場合に、
Y（従属節）の動詞が接続法になります。

1. 疑惑

Dudo que Julia tenga tanto dinero.
Es dudoso que Pedro salga bien en el examen.

¡Ojo!

上記のような疑惑の動詞（述部）が否定文で使用されると、疑惑の意味合いが消失
するので従属節内の動詞は直説法になります。

No dudo que Julia tiene mucho dinero.

2. no ＋思考動詞など（→詳細は第 15 課）

No creo que la selección japonesa gane el partido de hoy.
No me parece que esa sea la verdad.

3. 価値判断

Es necesario que tengas mucho cuidado.
Será mejor que nos levantemos un poco más temprano.
Me parece muy bien que vayáis a estudiar en la Universidad de Alcalá.

4. 願望

Quiero que me traigas las documentaciones mañana.
¿Desea usted que le eche más leche al café?

5. 感情 🔊 2-16

Me alegro de que estéis aquí con nosotros hoy.
Es triste que usted tenga que marcharse ya.

6. 可能性

Es posible que Juana esté enferma.

7. 命令

Le ordeno que envíe usted este mensaje a todos los miembros.
Nos dicen que solucionemos este problema.

8. 依頼

Les pido que vuelvan aquí antes de las siete.

9. 助言

Les aconsejamos que reserven el alojamiento de antemano.

10. 許可

Os permito que utilicéis el diccionario electrónico durante el examen.

11. 禁止

Os prohíbo que uséis el móvil en clase.

Diálogo 🔊 2-17

Yuki : ¿Sabes, Luis? He cambiado el vuelo de vuelta a Japón y voy a quedarme un poco más de lo que planeaba.

Luis : ¿En serio? Me alegro mucho de que estés más tiempo con nosotros. Espero que tu estancia prolongada también sea muy productiva. ¿Qué piensas hacer?

Yuki : No estoy segura, pero es posible que coja la clase de literatura hispanoamericana.

1 ▶ 次の動詞を接続法現在に活用しましょう。

1) comprar 　 2) aprender 　 3) subir 　 4) sacar

5) entender 　 6) tener 　 7) morir 　 8) construir

2 ▶ 次の文の主節に一重下線を、従属節に波線をつけましょう。また、従属節の動詞の叙法を意識しながら意味を考えましょう。

1) Lamentamos que ellos no acepten nuestra propuesta.

2) Creo que va a nevar esta tarde.

3) Sentimos mucho que no puedas quedarte aquí más tiempo.

4) ¿Me permiten ustedes que salga un rato a recibir una llamada?

5) Raquel dice que tiene mucha prisa.

3 ▶ 下線部に注意しながら、カッコの中の動詞を接続法現在に活用しましょう。

1) No creo que Cristina (suspender 　　　　　　) en el examen.

2) Es probable que ellos no nos (pagar 　　　　　　) el transporte.

3) Es una lástima que (tener 　　　　　　) que quedaros aquí durante las vacaciones.

4) Mi madre me dice que (limpiar 　　　　　　) la habitación.

5) Mis abuelos quieren que yo los (visitar 　　　　　　) este fin de semana.

6) Es extraño que no (haber 　　　　　　) nadie en la oficina ahora.

7) Les molesta a los vecinos que los estudiantes (hacer 　　　　　　) una fiesta en su piso los sábados por la noche.

8) Dudamos que (conocerse 　　　　　　) esos dos.

9) Será bueno que (nosotros) (volver 　　　　　　) a enviarles el correo.

10) Nos gusta que vosotros nunca (decir 　　　　　　) mentiras.

4 接続法を使ってスペイン語に訳しましょう。また、なぜ接続法にしなければいけ
ないのかを答えましょう。

1) フアンにこのことを言わないようお願いします。

2) 君はこの本を読んだ方がいいよ。

3)（私は）君達が授業中にスマホを使うことを禁止します。

4)（私達は）君に明日 9 時にここに来てもらいたい。

5) 僕の両親は僕があなたと仕事をしていることを喜んでくれています。

6) 私はいつも彼らに気をつけるよう言っています。

¡Vamos a hablar!

ペアの人に、以下の内容をスペイン語で伝えましょう。言われた人は、それ
に対して助言をしたり、自身の感情を表現したりしてみましょう。

(例)　Tengo dolor de cabeza. — Será mejor que vayas al médico.
　　　Estoy bien. — Me alegro de que estés bien.

お腹が痛い (tener dolor de...)
帰らないといけない (tener que irse)
財布が見つからない (no encontrar mi cartera)
具合が悪い (estar enfermo/enferma)
とても元気だ (estar muy bien)

＜表現の例＞
感情：me alegro de que..., es una lástima que..., es extraño que... など
助言：será mejor que..., será bueno que... など

Lección 15　No me parece que maneje tan bien el español.

1 名詞節における接続法 2

1. 主節が肯定か否定かによる直説法/接続法の交替　🔊 2-18

主節が以下に挙げる 4 タイプのいずれかである場合、その<u>主節が肯定であれば</u>
<u>従属節の動詞は直説法、否定であれば接続法</u>になります。

タイプ 1：「思う」「考える」系の動詞 (creer, pensar, considerar, parecer など)

Creo que <u>viene</u>.　　　　　　　　<u>No</u> creo que <u>venga</u>.
Considero que <u>es</u> necesario.　　<u>No</u> considero que <u>sea</u> necesario.

タイプ 2：「伝達」系の動詞 (decir, comentar など)

Digo que <u>es</u> necesario.　　　　<u>No</u> digo que <u>sea</u> necesario.

タイプ 3：「知覚」系の動詞 (ver, oír, sentir [感じる] など)

Veo que <u>está</u> enfermo.　　　　<u>No</u> veo que <u>esté</u> enfermo.

タイプ 4：「確信」「確実」系の表現 (estar seguro de que, es seguro que など)

Estoy seguro de que <u>está</u> en casa.　　<u>No</u> estoy seguro de que <u>esté</u> en casa.

2. 主節と従属節の主語による不定詞/接続法の交替　🔊 2-19

主節が【感情】【願望】の意味を持つ場合、主節と従属節の主語が同じか異なる
かによって、従属節の動詞が不定詞または接続法になります。

主語が同じ	→	従属節の動詞は<u>不定詞</u> (**que** 不要)
主語が異なる	→	従属節の動詞は<u>接続法</u>

Quiero ir al hospital.　　　　Quiero que <u>vayas</u> al hospital.
Me alegro de estar aquí.　　Me alegro de que <u>estés</u> aquí.

3. 従属節で不定詞と接続法のいずれも可能な場合　◀) 2-20

主節の動詞 (述部) が、第 14 課で見た中の【命令】【依頼】【助言】【許可】【禁止】の意味を持つ場合、従属節は不定詞、**que** ＋ 接続法のいずれを使うことも可能です。

Le ordeno a usted enviar este mensaje a todos los miembros.
(=Le ordeno que envíe usted este mensaje a todos los miembros.)
Os permito utilizar el diccionario electrónico durante el examen.
(=Os permito que utilicéis el diccionario electrónico durante el examen.)

2 関係詞節における接続法　◀) 2-21

関係詞節内の動詞は、先行詞が不特定の場合または否定されている場合に接続法になります。独立用法の場合は関係詞に意味的に組み込まれた先行詞が上記の条件を満たすか否かがポイントになります。

Buscamos una persona que sepa inglés.
(*cf.* Buscamos a una persona que sabe inglés.)
Quiero una maleta que no sea muy pesada.
Podéis comer lo que queráis.
Este domingo, vamos a ir adonde te guste.

3 副詞節における接続法　◀) 2-22

1. 時の節 (**cuando** 節など)

従属節の内容が未来のことがらである場合に接続法が使われます。

Voy a explicártelo con más detalle cuando tenga tiempo.
Cuando visitéis San Sebastián, tenéis que comer en los bares de pinchos.

2. 目的節 (**para que** 節など)

主節と従属節の主語が異なる場合に、従属節で接続法が使われます。両者が同じである場合は、**para** ＋ 不定詞になります。

Voy a comprarte un libro para que lo leas en el tren.
(*cf.* Voy a comprarme un libro para leerlo en el tren.)

4 命令文

スペイン語の命令文では、聞き手（＝命令される人）が、話し手にとって **tú** か **usted** か、あるいは **vosotros / vosotras** か **ustedes** かによって、動詞の形が変わります。また、肯定命令（「〜してください」）と否定命令（「〜しないでください」）でも形が違います。

¡Ojo!

「命令文」という名称ですが、「〜しなさい」といったいわゆる命令だけでなく、「〜してください」「〜してよ」といった、依頼に近い意味合いでも使用されます。さらに、1人称複数では「〜しましょう」という勧誘の意味になります。

1. 命令法

	単数	複数
1人称	╱	**hablemos**
2人称	**habla**	**hablad**
3人称 (**usted, ustedes**)	**hable**	**hablen**

2人称単数 (**tú**) 　　　　　　　　直説法現在3人称単数形と同じ形
　　　　　　　　　　　　　　　　（例外あり）
2人称複数 (**vosotros / vosotras**)　不定詞の最後の **-r** を **-d** に置き換え
3人称 (**usted, ustedes**)　　　　接続法現在の3人称と同じ形
1人称複数 (**nosotros / nosotras**)　接続法現在の1人称複数と同じ形

命令法2人称単数が不規則な動詞

decir → di 　　　　venir → ven 　　　　poner → pon 　　　　ser → sé
ir →ve 　　　　　　salir → sal 　　　　hacer → haz 　　　　tener → ten

🔊 **2-23**

2. 肯定命令

命令法を使用します。人称・数は聞き手（＝命令される人）と一致します。

Mira el cartel que está allí.
Hable usted en voz alta, por favor.
Juan, ven aquí.

3. 否定命令

すべての人称において、**no**＋接続法現在で表現します。

No dejéis aquí vuestro equipaje.
No salgas de casa esta noche.
Por favor, no pisen ustedes el césped.

4. その他の命令表現

(i) 不定詞   ¡A comer!
                    No fumar (貼紙など)
(ii) 未来形   Te quedarás aquí conmigo.
(iii) 名詞、副詞など   ¡Silencio!
                    ¡Fuera!
                    ¡Fuego!

Diálogo 🔊 2-24

Luis : ¿Qué te pasa?

Yuki : Estaba pensando en lo que voy a hacer cuando termine la carrera universitaria.

Luis : Ya que manejas tan bien el español, estoy seguro de que vas a ser una buena profesora de español, por ejemplo.

Yuki : No exageres, ¡hombre! A mí no me parece que lo maneje tan bien...

Luis : ¿Cómo que no? A ver, Yuki. Te aconsejo tener un poco más de confianza en ti misma.

Yuki : Bueno, gracias por el consejo. Seguiré pensando.

15 Ejercicios

1 カッコの動詞を直説法か接続法の適切な形に活用しましょう。

1) En esa empresa hay algunos empleados que (saber　　　　　) alemán.

2) ¿Podría usted llamarme cuando (llegar　　　　　) a la estación?

3) Os digo que (ir　　　　　) a haber una fiesta de bienvenida mañana.

4) En esta clase, ¿hay alguien que (estudiar　　　　　) chino?

5) Veo que (tú) (estar　　　　　) muy contento.

6) No creo que él (ser　　　　　) tan inteligente.

7) Cuando (ir　　　　　) al cine, siempre compro palomitas con caramelo.

8) Estamos seguras de que Enrique nos (ir　　　　　) a ayudar.

2 日本語を見ながら、適切な方を選びましょう。

1) Siento {que no puedas / no poder} venir a mi casa mañana.
君が明日、僕の家に来ることができないことを残念に思います。

2) Siento {que llegue / llegar} tarde.
遅刻してすみません。

3) Practican deporte todos los días para {que adelgacen / adelgazar}.
彼らはやせるために毎日スポーツをしています。

4) Vengo aquí para {que me den / darme} la explicación.
私は説明をしていただくためにここに来ました。

5) Me alegro mucho de {que esté / estar} aquí.
私はここにいられることが大変うれしいです。

6) Me alegro mucho de {que esté / estar} aquí.
私は彼がここにいてくれて大変うれしいです。

3 指示にしたがってカッコの中の動詞を適切な形に変えましょう。

1) No (utilizar　　　　　) usted el ascensor en caso de emergencia.
(usted に対する否定命令に)

2) ¡(salir　　　　　) de aquí! (tú に対する肯定命令に)

94

3) (venir   ) aquí ahora mismo. (vosotros に対する肯定命令に)

4) No (tirar   ) la basura en el suelo. (vosotros に対する否定命令に)

5) No (sacar   ) la comida del comedor. (ustedes に対する否定命令に)

6) (traer   ) usted un vino tinto cuando pueda. (usted に対する肯定命令に)

7) (escribir   ) tu nombre en este espacio. (tú に対する肯定命令に)

4 スペイン語に訳しましょう。

1) 来月スペインに行ったら、ハモン・セラーノをたくさん食べるぞ。

2) 私達はあまり電気を消費しないような冷蔵庫がほしい。

3) 私には、これが有名な芸術家の作品には見えない。

4) このテーマについて君がよく理解できるために、君にこの本を貸してあげよう。

5) (君)もう少しゆっくり歩いてくれよ。

6) (私は君達に)この車で旅行に行くことを許可しよう。

¡Vamos a hablar!

以下の表を見ながら、「〜な人はいますか？」—「います / いません」といっ
たやりとりをペアでしてみましょう。

(例) ¿Hay alguien que tenga más de 30 años? — Sí, ○○ tiene más de 30 años.
¿Hay alguien que conozca África? — No, ninguno la conoce.

	Fernando	Aya	Mary	Jean
Año de nacimiento	1985	1996	1990	2001
Lugar de nacimiento	Lima	Osaka	Nueva York	París
Idioma	español, inglés	japonés, inglés, español	inglés, chino, coreano	francés, italiano
Profesión	funcionario	estudiante	intérprete	estudiante
Países que conoce	Perú, Brasil	Japón, España	EEUU, China	Francia, Italia

Lección 16 No pensaba que fuera una sorpresa.

1 接続法現在完了　🔊 2-25

haber の接続法現在　　　　　　過去分詞

haya	hayamos		hablado
hayas	hayáis	+	comido
haya	hayan		vivido

前節までで紹介した接続法を用いる状況において、従属節の内容が現在完了および未来完了であらわされるべき時間である場合に使います。

Me alegro mucho de que hayas mejorado.

Será mejor que hayas llegado antes de las doce mañana.

No creo que José haya estado en México.

¿Hay alguien que haya visto al señor Rodríguez hoy?

2 接続法過去

接続法過去の活用には、**-ra** 形と **-se** 形があり、直説法点過去の 3 人称複数形を元に作ることができます。

hablar		comer		vivir	
hablara	habláramos	comiera	comiéramos	viviera	viviéramos
hablase	hablásemos	comiese	comiésemos	viviese	viviésemos
hablaras	hablarais	comieras	comierais	vivieras	vivierais
hablases	hablaseis	comieses	comieseis	vivieses	vivieseis
hablara	hablaran	comiera	comieran	viviera	vivieran
hablase	hablasen	comiese	comiesen	viviese	viviesen

decir	
dijera dijese	dijéramos dijésemos
dijeras dijeses	dijerais dijeseis
dijera dijese	dijeran dijesen

tener	
tuviera tuviese	tuviéramos tuviésemos
tuvieras tuvieses	tuvierais tuvieseis
tuviera tuviese	tuvieran tuviesen

hacer	
hiciera hiciese	hiciéramos hiciésemos
hicieras hicieses	hicierais hicieseis
hiciera hiciese	hicieran hiciesen

poner	
pusiera pusiese	pusiéramos pusiésemos
pusieras pusieses	pusierais pusieseis
pusiera pusiese	pusieran pusiesen

pedir	
pidiera pidiese	pidiéramos pidiésemos
pidieras pidieses	pidierais pidieseis
pidiera pidiese	pidieran pidiesen

ir / ser	
fuera fuese	fuéramos fuésemos
fueras fueses	fuerais fueseis
fuera fuese	fueran fuesen

🔊 2-26

1. 接続法を用いる状況において、従属節の内容が点過去、線過去、過去未来であらわされるべき時間である場合に使います。主節への時制の一致で従属節にあらわれるのが基本です。

> Le pedí al abogado que me contestara lo más pronto posible.
> Sería necesario que se lo comunicaras tú mismo.
> Me pareció extraño que él estuviese tan enfadado.
> No te dije que pudieras salir sin permiso.

2. 婉曲表現に使います。（**-ra** 形のみ）

> Quisiera pedirles un favor.
> Debieras empezar ya a estudiar para el examen final.

3 接続法過去完了

haber の接続法過去   過去分詞

hubiera / hubiese	hubiéramos / hubiésemos		hablado
hubieras / hubieses	hubierais / hubieseis	+	comido
hubiera / hubiese	hubieran / hubiesen		vivido

接続法を用いる状況において、従属節の内容が過去完了、過去未来完了の時間である場合に使われます。 🔊 2-27

No pensaba que esos estudiantes hubieran estado tanto tiempo en el extranjero.

Era extraño que nadie se hubiera quejado.

En aquel tiempo, estábamos buscando a alguien que hubiera estudiado informática.

Era posible que los niños ya hubieran comido bastante.

4 命令文における弱い代名詞の位置 🔊 2-28

1. 肯定命令では、弱い代名詞（再帰代名詞含む）は動詞の後ろにくっつきます。

Escúchame con mucha atención.

Tráiganos dos copas de vino tinto y una ración de queso manchego.

He hecho varias fotos durante el viaje. — A ver, enséñamelas.

Pónganse ustedes a la mesa, que vamos a empezar la cena.

再帰動詞を命令形にする際、**nosotros / nosotras** の形では活用語尾の **-s** を、**vosotros / vosotras** の形では活用語尾の **-d** を削除します。ただし、**irse** の **vosotros / vosotras** に対する命令形 **idos** は例外です。また、**irse** の **nosotros / nosotras** に対する命令には **vámonos** が使われます。

Mañana, levantémonos temprano. （× levantémosnos）

Por favor, quitaos los zapatos aquí. （× quitados）

Es tarde, así que idos ya a casa.

2. 否定命令では、弱い代名詞（再帰代名詞含む）は動詞の直前に置きます。

No me envíes tantos correos, ¡hombre!
No le hagáis caso, que es una broma.
No se preocupe usted, que voy a arreglarlo yo.

Diálogo 🔊 2-29

Yuki : Tengo que enviarle a Ana un mensaje para preguntarle sobre la fiesta, pero está agotada la batería de mi móvil. ¿Podrías hacerlo tú, Luis?

Luis : Claro. ¿Qué le digo?

Yuki : Primero, dile que iremos a su casa a las cinco, y luego, pregúntale si necesitamos comprar más bebida o no. ¿O sería mejor que fuéramos un poco más temprano?

Luis : No creo. Estará bien así. Y ¿le comentamos sobre el regalo también?

Yuki : No, no, no lo hagas. Es una sorpresa para ella.

Luis : Ah, vale. No pensaba que fuera una sorpresa.

1 ▶ カッコの中の動詞を接続法現在完了に活用しましょう。

1) Me alegro de que (tú) (mejorar   ).

2) No creo que el estudiante (leer   ) esos libros.

3) ¿Hay alguien que (ver   ) la nueva película de esta actriz?

2 ▶ カッコの中の動詞を接続法過去に活用しましょう。

1) Estábamos buscando a alguien que nos (ayudar   ).

2) No creía que (vosotros) (venir   ) hasta aquí andando.

3) Fue una lástima que (nosotros) no (poder   ) ir al concierto.

4) Quería que (ella) me (decir   ) la verdad.

3 ▶ カッコの中の動詞を<u>接続法現在か接続法過去</u>のいずれかに活用しましょう。

1) El jefe me pidió que (ir   ) al banco.

2) Mi madre siempre me dice que (levantarse   ) temprano.

3) A nosotros, no nos pareció que esos edificios (ser   ) tan altos.

4) Me gustaría que (tú) me (prestar   ) diez mil yenes.

5) Es imposible que (nosotros) (preparar   ) todos los documentos para mañana.

4 ▶ カッコの中の動詞を接続法過去完了に活用しましょう。

1) Era bueno que (ellos) (comprar   ) la entrada con antelación.

2) Esperábamos que mis hijos ya (comer   ).

3) No me imaginaba que Mónica (salir   ) con Miguel.

5 例にならって、目的格人称代名詞を使って肯定と否定で答えましょう。

(例) ¿Abro la ventana? (tú) — Sí, ábrela. / No, no la abras.

1) ¿Cancelo la reserva? (usted)

2) ¿Podemos traer aquí a nuestros perros? (ustedes)

3) ¿Puedo ponerme este sombrero? (tú)

4) ¿Te paso este archivo? (tú)

5) ¿Podemos irnos ya? (vosotros)

6 スペイン語に訳しましょう。

1) 今週末までにその課題を終えておくことが重要です。

2) 私は外国の文化を知ってもらうために、孫を海外旅行に連れて行きました。

3) その社員は我々に、その機械を購入することを提案した。

4) (私は) 彼がすでにその会社で働き始めているとは思っていなかった。

5) (あなた方) 明日は遅刻されないようお願いいたします。

6) (君達) ここに座ってくれ。

¡Vamos a hablar!

ペアになり、カッコ内のヒントを参考にして、以下の内容について相手に許可を求めましょう。求められた人は、命令形を使って許可または拒否しましょう。

(例) ¿Puedo usar tu diccionario? — Sí, úsalo. / No, no lo uses.

君のパソコンを使いたい (usar)
このビスケットを食べたい (galleta)
ここに荷物を置きたい (equipaje, poner)
今、シャワーを浴びたい (ducharse)
君の横に座りたい (sentarse, al lado de ti)

Lección 17 ¡Que te vaya muy bien!

1 単文における接続法

1. 願望文　🔊 2-30

(i) **Ojalá (que)** + 接続法：「〜するといいなぁ」「〜しますように」

> Ojalá (que) + 接続法現在・現在完了 → 実現可能性のある願望
> Ojalá (que) + 接続法過去・過去完了 → 実現可能性が低いまたは事実に
> 　　　　　　　　　　　　　　　　　　　反する願望

願望文は感嘆符ではさむのが一般的です。

¡Ojalá (que) haga buen tiempo mañana!
¡Ojalá (que) mi paquete haya llegado a Barcelona sin problema!
¡Ojalá (que) hablara inglés como ella!
¡Ojalá (que) hubiéramos dormido bien anoche!

(ii) **que** + 接続法現在：「〜しますように」

主に聞き手にとって好ましい内容である場合に使います。

Que tengas un buen fin de semana.
Que os vaya bien.

2. 疑惑文：「もしかすると〜かもしれない」「たぶん〜だろう」　🔊 2-31

quizá(s), tal vez＋接続法または直説法
quizá(s)と tal vez は同義

実現可能性が低め（≒「もしかすると〜かもしれない」）→接続法
実現可能性が高め（≒「たぶん〜だろう」）→直説法

Quizá vaya (iré) al trabajo en coche mañana.
Tal vez hayan invitado (habrán invitado) a Mónica a su casa.

3. 間接命令：「〜してもらいなさい」　🔊 **2-32**

que ＋ 接続法現在

発話の聞き手と、命令の行動を実行する人が異なる場合に使います。

Jefe, ha llegado el señor Moreno. — Vale. Que pase a mi despacho.

2 条件文：「もし〜なら…だろう」「もし〜したら…だろう」　🔊 **2-33**

1. 実現可能性がある条件文

si 直説法現在 , 直説法現在、直説法未来、命令表現 など

Si hace buen tiempo mañana, haremos asado en el campo.
Si no puedes asistir a la reunión, tienes que avisarnos de antemano.
Ven a comer mañana, si quieres.

¡Ojo!

現在の習慣的内容をあらわす場合は、条件節（＝si 節）、帰結節ともに直説法現在になります。

Si tengo tiempo, siempre voy al gimnasio.

2. 現在の事実に反する、または実現可能性がほとんどない条件文

si 接続法過去 , 直説法過去未来

Si tuviera dinero, viajaría por todo el mundo.
Si mañana me despertara temprano, correría una hora para adelgazar.

3. 過去の事実に反する条件文

si 接続法過去完了 , 直説法過去未来完了

Si hubiera tenido dinero, habría viajado por todo el mundo.
Si se lo hubiéramos pedido a Miguel, nos habría ayudado entonces.

4. 2) と 3) の折衷型：「（過去に）〜していたら、（今）…だろう」

si 接続法過去完了 , 直説法過去未来

Si hubiéramos estudiado más, ahora no estaríamos tan preocupados.

3 譲歩文 🔊 2-34

1. 事実をあらわす譲歩文：「〜けど…する」「〜けど…だ」

aunque 直説法 , 直説法、命令表現

Aunque es difícil, tienes que intentarlo.

Voy a tomar una cerveza, aunque no me gusta mucho.

2. 仮定をあらわす譲歩文：「〜ても…するだろう」「〜ても…だろう」

(i) 実現可能性のある仮定：**aunque** 接続法現在 , 直説法未来など

Aunque tenga mucho dinero en el futuro, no compraré este coche.

Aunque llueva mañana, iremos al parque de atracciones.

(ii) 現在の事実に反するまたは実現可能性がほとんどない仮定

aunque 接続法過去 , 直説法過去未来

Aunque tuviera mucho dinero ahora, no compraría este coche.

Aunque lloviera mañana, iríamos al parque de atracciones.

(iii) 過去の事実に反する仮定

aunque 接続法過去完了 , 直説法過去未来完了

Aunque hubiera tenido mucho dinero entonces, no habría comprado este coche.

Aunque hubiera llovido ese día, habríamos ido al parque de atracciones.

4 その他の条件・譲歩表現 🔊 2-35

1. yo que ... 「もし私が…なら」。帰結節は直説法過去未来または過去未来完了

Yo que tú, no lo aceptaría.

2. a condición de que ＋ 接続法 「〜という条件で」

Te prestaré 100 euros, a condición de que trabajes seriamente.

3. a pesar de que ＋（主に）直説法 「〜にもかかわらず」

A pesar de que era muy pobre, se esforzó y llegó a ser gobernador.

4. 接続法 ＋ 関係詞 ＋ 接続法：「何を〜ても」「誰が〜ても」「どこへ〜ても」など

Hagas lo que hagas, nosotros te apoyaremos.

5 話法 🔊 2-36

直接話法：自身または他人の発言内容を発話の中にそのまま引用する方法
  (例) María me dice: "Tengo hambre".

間接話法：自身または他人の発言内容を話者の視点から言い換えて引用する方法
  (例) María me dice que tiene hambre.

2 つの話法では視点が異なるので、時制や法などいくつかの点で注意が必要です。

1. 時制の交替

Antonio me dijo: "Estoy en Japón". = Antonio me dijo que estaba en Japón.
Paco me afirmó: "Estudiaré más". = Paco me afirmó que estudiaría más.
Laura dijo: "Estuve en EEUU". = Laura dijo que había estado en EEUU.

2. 法の交替

El profesor nos dijo: "Corred". = El profesor nos dijo que corriéramos.

3. 動詞・副詞などの交替

Adrián dijo: "Iré a verte mañana".
= Adrián dijo que vendría a verme al día siguiente.

Ana me comentó: "Hoy estaré aquí todo el día".
= Ana me comentó que ese día estaría allí todo el día.

Diálogo 🔊 2-37

(En el aeropuerto)

Yuki : Gracias por acompañarme hasta el aeropuerto. Y muchísimas gracias por todo, Luis. Si no te hubiera conocido, mi estancia en España habría sido mucho más sosa.

Luis : Gracias a ti. Sigamos en contacto. Ahora tenemos SNS y podemos comunicarnos fácilmente.

Yuki : Tienes razón. Si estuviéramos en el siglo anterior, no sería tan sencillo. Bueno, pues nada. Me voy.

Luis : Vale. Que te vaya muy bien en tu tierra y ¡nos vemos pronto!

1 日本語に合うように、カッコの中に適切な語を書き入れましょう。

1) ¡Ojalá su avión (　　　　　　) a tiempo al aeropuerto!

彼の乗った飛行機が時間通りに空港に着くといいなぁ。（その可能性は十分にある）

2) ¡Ojalá que me (　　　　　　) la lotería!

宝くじが当たるといいなぁ。（当たらないと思うけど）

3) Que (　　　　　　) pronto.

（病気やけがをしている人に対して）早く良くなれよ。

4) Quizá (　　　　　　) difícil hacer lo que dices.

君の言っていることをするのは難しいかもしれないな。

5) Tal vez (　　　　　　) Juan el que nos va a llevar hasta la estación.

我々を駅まで送ってくれるのはおそらくフアンだろう。

6) Quizás la (　　　　　) (　　　　　　) todo el día.

彼は今日、1日中彼女を探したのかもしれない。

7) Que (　　　　　　) el siguiente paciente.

（医者が看護師に）次の患者さんに入ってもらってください。

8) Que esto no (　　　　　) a pasar nunca.

こんなことが二度と起こらないようにね。

2 ヒントを参考に、カッコの中の動詞を適切な形に活用しましょう。

1) Si yo (ser 　　　　　　) más joven, (poder 　　　　　　　) comer más.

2) (ser 　　　　　　) más sencillo si (nosotros) se lo (pedir 　　　　　　) a

través de esa persona. （実際には別の人を通して注文したけど…）

3) Si (tener 　　　　　　) hambre, (poder 　　　　　　) comerte esta bocata.

（この人、お腹すいてるんじゃないかな…）

4) Aunque (oponerse 　　　　　　) mis padres, yo (casarse 　　　　　) con

ella. （結婚反対されるかも…）

5) Aunque yo (ser 　　　　　　) millonario, no (gastar 　　　　　) tanto

dinero en ropa. （僕は平凡な大学生）

3 ▶ 下線部に注意して、次の文を間接話法に書き換えましょう。

1) Marta me dijo: "Puedo ayudarte en cualquier cosa".

2) Sara me dijo: "Vi a tu hermano ayer".

3) David me dijo: "Volveré aquí mañana".

4) Claudio nos dijo: "Vivía en Santiago de Chile cuando era pequeño".

4 ▶ スペイン語に訳しましょう。

1)（私たちは）今夜は外食するかもしれない。（comer fuera）

2) このお店で気に入った（＝好きな）シャツが見つかるといいなぁ。

3) エミリアは昨日僕に、おばあちゃんに会いに行くと言った。

4) 彼とあの時知り合っていなければ、私は今ここにいないだろう。

5) 試験はとても難しかったけど、合格することができました。

6) もしワインがお好きなら、ログローニョ（Logroño）へいらっしゃってください。

¡Vamos a hablar!

仮に以下のような状況になったら、あるいは以下のような状況であったなら何をするか、どうなっているかなどをペアで質問し合ってみましょう。

（例）　¿Qué harías si te regalaran cinco millones de yenes?
　　　— Si me regalan cinco millones de yenes, haría los trámites del impuesto sobre donaciones.

1) 500 万円もらったら
2) タイムマシンを持っていたら（una máquina del tiempo）
3) 携帯・スマホがなかったら（existir, móvil / *smartphone*）
4) この大学に入っていなかったら（entrar en …）

スペイン語の主な文法用語

文法用語は、言語の運用そのものに必要なものではありませんが、知っていると外国語学習の効率が格段に上がります。また、スペイン語圏に留学すると、本書で扱ったような内容の授業をスペイン語で受けることになりますので、ここで主要な文法用語をスペイン語で確認しておきましょう。

主語	el sujeto	接続法	el subjuntivo
動詞	el verbo	現在	el presente
直接目的語	el complemento directo	現在完了	el pretérito perfecto compuesto
間接目的語	el complemento indirecto	過去	el pretérito imperfecto
名詞	el sustantivo, el nombre	過去完了	el pretérito pluscuamperfecto
代名詞	el pronombre	命令法	el imperativo
冠詞	el artículo	関係代名詞	el pronombre relativo
定冠詞	el artículo definido	関係副詞	el adverbio relativo
不定冠詞	el artículo indefinido	再帰動詞	el verbo reflexivo
形容詞	el adjetivo	単数	el singular
副詞	el adverbio	複数	el plural
前置詞	la preposición	規則動詞	el verbo regular
直説法	el indicativo	不規則動詞	el verbo irregular
現在	el presente	不定詞	el infinitivo
現在完了	el pretérito perfecto (compuesto)	現在分詞	el gerundio
点過去	el pretérito perfecto simple, el pretérito indefinido	過去分詞	el participio (pasado)
線過去	el pretérito imperfecto	主節	la cláusula (oración) principal
過去完了	el pretérito pluscuamperfecto	従属節	la cláusula (oración) subordinada
未来	el futuro		
未来完了	el futuro compuesto		
過去未来	el condicional		
過去未来完了	el condicional compuesto		

写真提供：Shutterstock
本文イラスト：メディアアート
装丁：石井裕子

文法からいくスペイン語

| 検印
省略 | © 2020年 1月 30日　　初版発行 |

著　者　　　　　　　　　　川口　正通

発行者　　　　　　　　　　原　雅　久
発行所　　　　　株式会社　朝日出版社
101-0065　東京都千代田区西神田3-3-5
電話　03-3239-0271/72
振替口座　00140-2-46008
http://www.asahipress.com/
組版　クロス・コンサルティング／印刷　図書印刷

朝日出版社 ｜ スペイン語一般書籍のご案内

GIDE（スペイン語教育研究会）語彙研究班 編

!スペ単! ―頻度で選んだスペイン語単語集（練習問題つき）―

◆様々なスペイン語の初級学習書を分析・解析。
◆学習者が最も必要とする語彙を抽出、文法項目と関連付けて提示。
◆各項目ごとに理解と運用を助ける練習問題を配備。
◆文法項目と語彙グループを結び付けて紹介。
◆豊富な練習問題と読み物資料ページでしっかり楽しく学べる。
◆多角的に語彙を覚えられる意味別・品詞別語彙リスト、単語の意味もついた詳細なさくいんつき。
◆初めてスペイン語を学ぶ人から、指導する立場の人まで幅広く活用できる一冊。

●A5判 ●本編13章＋読み物資料＋巻末語彙集＋さくいん ●各項練習問題つき ●のべ5200語
●264p ●2色刷 本体価格2200円＋税 （000371）

CD付 小林一宏・Elena Gallego Andrada 著

スペイン語 文法と実践 ―ゆっくり進み、確かに身につく―
Español con paso firme

◆日本人教員とネイティヴ教員の緊密な協力から生まれた自然な語法。 ◆簡潔で適格な文法の解説。
◆予習と復習のための矢印（➡）による関連個所の提示。
◆解説内容に沿った多くの例文とこれの理解を援ける註。
◆適宜、英語との比較による理解の深化。

●A5判 ●33課 ●320p ●2色刷 ●CD付
本体価格2800円＋税 （000467）

福嶌教隆 著

スペイン語圏4億万人と話せる

くらべて学ぶスペイン語 改訂版 DVD+CD付
―入門者から「再」入門者まで―

◆スペインのスペイン語とラテンアメリカのスペイン語をくらべて、並行してどちらも学べます。
◆全くの初歩からスペイン語を学ぶ人（入門者）も、一通りの知識のある人（「再」入門者）も活用できるよう編集されています。
◆スペイン語圏各地のネイティブの吹込者によるCDや、スペインの美しい映像をおさめたDVD（スペイン語ナレーション付）が添付されています。
◆スペイン語を話すどの場所に行っても、この1冊で充分話し切れること間違いなしです！

●A5判 ●15課 ●144p ●さし絵多数 ●DVD+CD付 ●2色刷
本体価格2400円＋税 （000552）

高橋覚二・伊藤ゆかり・古川亜矢 著

とことんドリル！ スペイン語 文法項目別

◆文法事項を確認しながら、一つずつ確実なステップアップ ◆多様な話題のコラムも楽しい♪
◆全27章で、各章は3ページ【基礎】＋1ページ【レベルアップ】で構成 ◆スペイン語のことわざをイラストで紹介
◆スペイン語技能検定試験4、5、6級の文法事項がチェックできる！
◆ふと頭に浮かぶような疑問も学習者の目線で丁寧に解説 ●B5判 ●27章＋解答例・解説 ●200p ●2色刷
◆復習問題でヒントを見ながら実力試せる 本体価格2300円＋税 （000747）

西川喬

ゆっくり学ぶスペイン語 CD付

◆本書はスペイン語を「ゆっくり学ぶ」ための本です。
◆初めて学ぶ人はもちろんのこと、基礎的な知識を整理したい人にも最適です。
◆各課文法別に段階的に進みます。やさしい文法要素から順を追って知識が増やせるように配置しています。
◆各課には「ちょっとレベルアップ」のページがあります。少し知識のある方は、ぜひこのページに挑戦してください。

◆各課の最後に練習問題があります。自分で解いて、巻末の解答で確かめましょう。
◆再挑戦の方向けに、31、32課で「冠詞」と「時制」を扱っています。ぜひ熟読してください。
◆それでは本書で、「ゆっくりと」スペイン語を楽しんで行きましょう。

●A5判 ●32課 ●264p ●さし絵多数 ●2色刷 ●CD付 本体価格2900円＋税 （001081）

（株）朝日出版社

〒101-0065 東京都千代田区西神田3-3-5
TEL:03-3263-3321 FAX:03-5226-9599
http://www.asahipress.com/